U0671559

本专著系宁波财经学院高层次人才科研启动经费（项目编号：1320229095）、宁波市第六批哲学社会科学研究基地课题《场景驱动的宁波数字产业创新生态系统构建路径与治理对策研究》（项目编号：JD6-159）、浙江省哲学社会科学规划"省市合作"课题《场景驱动的产业大脑双重价值创造机制与提升路径研究》（项目编号：24SSHZ046YB）资助成果。

九州文库

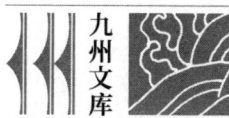

新兴技术创业企业
合法性获取策略研究

陈　阳　著

九州出版社
JIUZHOUPRESS

图书在版编目（CIP）数据

新兴技术创业企业合法性获取策略研究／陈阳著．
北京：九州出版社，2024.8. -- ISBN 978-7-5225
-3365-0

Ⅰ.F276.44

中国国家版本馆 CIP 数据核字第 20242595MT 号

新兴技术创业企业合法性获取策略研究

作　者	陈　阳　著
责任编辑	安　安
出版发行	九州出版社
地　址	北京市西城区阜外大街甲 35 号（100037）
发行电话	（010）68992190/3/5/6
网　址	www.jiuzhoupress.com
印　刷	唐山才智印刷有限公司
开　本	710 毫米×1000 毫米　16 开
印　张	14
字　数	179 千字
版　次	2025 年 1 月第 1 版
印　次	2025 年 1 月第 1 次印刷
书　号	ISBN 978-7-5225-3365-0
定　价	89.00 元

★版权所有　侵权必究★

前　言

新兴技术创业实践对新兴产业培育和传统产业升级具有重要作用，但新兴技术创业企业因面临企业新生和产业新生所带来的"双重新进入缺陷"，其生存和发展呈现出高度不确定性。因此，新兴技术创业企业如何克服"双重新进入缺陷"，这一具有现实意义的研究议题正逐渐引起学术界与业界的广泛关注。

从以往的相关研究中不难发现，合法性理论为研究组织如何克服新进入缺陷提供了重要的理论支撑，但现有研究成果并不能很好地解释新兴技术创业企业如何克服"双重新进入缺陷"：一是现有研究主要关注企业层面的新进入缺陷与合法化策略，对新兴技术创业企业因面临来自产业层面与企业层面的"双重新进入缺陷"所嵌入的叠加情境没有给予足够关切；二是大量关于创业企业合法性的研究主要聚焦于对合法化策略的实施过程及其最终合法化结果的讨论上，并没有对创业企业合法化策略形成的底层机制展开进一步深入研究；三是现有的创业企业合法性获取的相关研究不仅没有系统地区分不同类型的关键合法性听众对其合法性的判断，而且只专注于探讨创业企业如何从某一种特定类型的合法性听众（例如，投资者）处获得合法性，并试图在理论上将他们的发现推广到其他类型的合法性听众身上。针对上述以往研究中有待完善之处，本研究聚焦新兴技术创业企业的"双重新进入缺陷"情境，探究新兴技术创业企业合法性获取策略及其形成机制，不仅为创业企业合法性获取的相关研究提供了新的情境化理论解释，还为新兴技术创业企业通过制度逻辑编排制定适合不同新兴技术商业化阶段的合法化策略提供实践指导。

本研究围绕"新兴技术创业企业如何策略性地获取合法性"这一核心问题展开。首先，从新兴技术创业企业合法性听众的组织身份及其嵌入的制度逻辑切入，剖析了塑造每一种组织身份的主导制度逻辑，为研究新兴技术创业企业如何通过制度逻辑编排制定相应的合法性获取策略提供分析基础。其次，结合现有研究和新兴技术创业实践，从新兴技术创业企业的创新导向出发，将新兴技术创业企业划分为技术创新导向和市场创新导向两大类，并在此基础上，根据业务开发方式不同将技术创新导向进一步细分为底层技术创新导向和应用方案创新导向；根据创新方式不同将市场创新导向又细化为探索型市场创新导向与利用型市场创新导向，从而为打开不同类型新兴技术创业企业合法性获取过程的黑箱提供类型学支撑；再次，将新兴技术创业企业合法性获取过程嵌入到新兴技术商业化情境中，从而识别其在新兴技术商业化的不同阶段所面临的合法性挑战是什么？需要争取哪些合法性听众的认可和支持？以及，如何通过制度逻辑编排制定相应的合法性获取策略从而影响合法性听众的判断？

本研究借鉴方法论拼接的研究设计思想，并遵循理论抽样的原则分别选取了四家新兴技术创业企业，针对上述研究内容，进行案例内和跨案例的分析，获得了以下四个主要发现：

（1）新兴技术创业企业合法性听众的多重组织身份与其制度逻辑适配的对应关系

技术创新导向的新兴技术创业企业主要面对的合法性听众有专家、投资人、客户和互补性资源提供者以及政府；而市场创新导向的新兴技术创业企业主要面对的合法性听众包括客户、政府以及行业协会/联盟。专家、投资人和客户都遵循专业和市场的双重逻辑；互补性资源提供者主要遵循专业逻辑，同时也会受企业逻辑以及市场逻辑的影响；行业协会/联盟则受社区逻辑和专业逻辑的影响；政府主要遵循国家逻辑，同时也会受专业逻辑的影响。此外，不同类型的合法性听众之间还会相互影响，其中，受专业和市场双重制度逻辑影响的专家的评判结果会影响投资人的投资决策和政府的扶持决策；而主要遵循市场逻辑，同时也会受专业逻辑影响的投资人的投资决策也会受政府政策导向的影响。

（2）技术创新导向的新兴技术创业企业合法化策略

底层技术创新导向的新兴技术创业企业在商业可行性孵化阶段、示范性产品研发阶段以及大规模市场验证阶段所面对的合法性挑战分别为技术合法性挑战、产品合法性挑战以及市场合法性挑战，采取的合法化策略包括感知策略、依从策略、杠杆策略、结盟策略以及策略间的组合；而应用方案创新导向的新兴技术创业企业在项目场景化阶段、场景产品化阶段以及产品平台化阶段，主要面临的是技术合法性挑战、产品合法性挑战以及平台合法性挑战，采取的合法化策略包括感知策略、杠杆策略、结盟策略以及策略间的组合。

（3）市场创新导向的新兴技术企业合法化策略

探索型市场创新导向的新兴技术创业企业在市场机会探索与基础产品研发阶段、对业务场景挖掘与产品谱系构建阶段以及业务场景拓展与企业品牌塑造阶段，所面对的合法性挑战分别为业务合法性挑战、产品合法性挑战以及企业品牌合法性挑战，采取的合法化策略包括依从策略、修辞策略、社会竞争策略和结盟策略；而利用型市场创新导向的新兴技术创业企业在构建联盟身份以整合产业资源阶段和凭借联盟身份以开拓产业链市场阶段，所面对的合法性挑战分别为联盟合法性挑战和平台合法性挑战，采取的合法化策略包括联盟策略、修辞策略和杠杆策略。

(4) 合法化策略的形成机制

感知策略的形成机制包括替代和扩展；杠杆策略的形成机制是同化；结盟策略的形成机制包括强化和混合；依从策略的形成机制是同步；社会竞赛策略的形成机制是混合；而修辞策略的形成机制涵盖混合、同化与强化。

本研究的主要创新点：

第一，运用制度逻辑视角的核心假定"嵌入能动性"，解释了新兴技术创业企业为何以及如何能够从合法性听众的多重组织身份中抽取不同的制度逻辑进行策略性编排，从而获得合法性听众的认可与支持，由此回应了学术界对于合法性研究应该超越单一合法性听众的简单假设，探索不同类型的合法性听众在新企业合法性判断上的差异，以及如何做出合法性判断和资源分配决策的呼吁。

第二，对新兴技术创业企业进行类型学上的划分，在此基础上提出的合法性获取策略及其形成机制，并给出了合法性获取策略的适用情境以及配套实施步骤，既具有一定的情境化特征，又能确保在一定的范围内具有推广性，从一定程度上缓解以往案例研究中新企业合法性获取策略呈现两极分化的困境。

第三，将方法论拼接的研究设计思想运用到本研究中，提高了研究方法对研究内容的匹配度，使得本研究的研究方案更加合理，避免了长期以来案例研究中"实证主义"与"诠释主义"的争论。

目 录
CONTENTS

第一章 绪 论 ……………………………………………………… 1

第二章 文献综述 …………………………………………………… 11
第一节 新兴技术创业 …………………………………………… 12
第二节 合法性理论与制度逻辑 ………………………………… 29
本章小结 ………………………………………………………… 47

第三章 研究方案设计 ……………………………………………… 49
第一节 整体研究框架 …………………………………………… 49
第二节 研究方法 ………………………………………………… 52
第三节 研究对象界定与选择 …………………………………… 58
第四节 数据收集策略 …………………………………………… 67
本章小结 ………………………………………………………… 70

第四章 新兴技术创业企业合法性听众 …………………………… 71
第一节 问题提出 ………………………………………………… 71
第二节 研究设计 ………………………………………………… 72
第三节 合法性听众的多重组织身份 …………………………… 75
第四节 合法性听众的制度逻辑 ………………………………… 79
第五节 合法性听众的多重组织身份与其制度逻辑的适配关系 …… 82

本章小结 ·· 86

第五章 技术创新导向新兴技术创业企业合法性获取策略 ·········· 87

第一节 问题提出 ·· 87

第二节 研究设计 ·· 88

第三节 案例描述 ·· 91

第四节 技术创新导向的新兴技术创业企业合法化过程 ·········· 97

第五节 技术创新导向的新兴技术创业企业合法性获取策略

及策略形成机制 ···································· 132

本章小结 ·· 135

第六章 市场创新导向新兴技术创业企业合法性获取策略 ·········· 137

第一节 问题提出 ·· 137

第二节 研究设计 ·· 138

第三节 案例描述 ·· 140

第四节 市场创新导向的新兴技术创业企业合法化过程 ·········· 145

第五节 市场创新导向的新兴技术创业企业合法性获取策略

及策略形成机制 ···································· 173

本章小结 ·· 175

第七章 结论与展望 ·· 177

第一节 研究结论 ·· 177

第二节 理论贡献 ·· 183

第三节 管理启示 ·· 184

第四节 研究局限与未来展望 ·································· 186

参考文献 ·· 187

第一章

绪　论

一、研究背景

（一）现实背景

"坚持走中国特色自主创新道路，实施创新驱动发展战略"是党的十八大确立的国家战略，旨在全面提升我国经济增长的质量和效益，推动经济发展由低成本优势向创新优势的转换。因此，从中央到地方都在全力推进这一战略方针的实施。在这一过程中，大企业一直都是科技创新的主力军。据中国企业联合会与企业家协会联合发布的"2023 中国大企业创新100 强"显示，100 家企业的研发投入强度平均为 5.42%①。

在大企业积极加入科技创新大军中来的时候，科技型中小企业也在将自主知识产权转化为高新技术产品或服务，逐渐成为科技创新队伍中一股不可小觑的新生力量。与此同时，国家为鼓励尚未达到成熟期的科技创新型企业积极投身于符合国家战略需要的高新技术产业和战略性新兴产业发展中来，设立科创板引导资本市场向具备关键核心技术创新能力的中小科

---

① 资料来源：《科创板白皮书 2023》。

技型企业倾斜。从 2019 年 7 月开市至 2023 年 6 月，科创板已运行了四个完整年度，期间累计上市新股 542 只，融资总额 8477 亿元人民币①。预计到"十四五"末，我国将建成完善的科技型中小企业研发制度保障体系，营造支持中小企业研发的社会面良好氛围②。这为科技型创业者和创业企业创造了良好的制度环境和绝佳的发展机遇。

但是，对科技型创业企业尤其是新兴技术创业企业而言，在其创业之初，不仅要面临企业层面的新进入缺陷[1]；又因为新兴技术所具有的创造性毁灭的特质，在孕育新兴产业的同时，也使传统产业面临被替代的威胁，从而使新兴产业遭遇社会认知、制度规范等合法性挑战，导致新兴技术创业企业还要面临产业层面的新进入缺陷。例如，在虚拟现实/增强现实（以下简称"VR/AR"）技术应用于游戏领域的早期，因头显设备的性能无法实现预期的用户体验，以及配套游戏内容的匮乏，使得 VR/AR 技术在游戏领域的商业化受阻；又例如，基于区块链技术的数字版权以及由此衍生出来的数字藏品，在出现早期，公众对它们的认知以及相关法律的保障与约束尚未建立，使这类应用以及开发这类应用的新兴技术创业企业发展前景不明。此外，如果新兴技术的应用创造了一个新的市场类别，则会引来大量资本的无序涌入，导致资本配置效率降低，无形中抬高了新兴技术创业企业进入某一新兴市场的准入门槛，同时还可能导致具有创新性或颠覆性的技术被"雪藏"，从而阻碍创新发展。

面对这些出现在新兴技术创业过程中无法回避的阻力，新兴技术创业企业如何在现有条件的约束下，发挥其能动性，获得成长机会和相应资源？现有的企业实践给出了一些启示，例如：新兴技术创业企业选择抱团

---

① 资料来源：《2023 中国大企业创新 100 强》。
② 资料来源：《科技部办公厅关于营造更好环境支持科技型中小企业研发的通知国科办区〔2022〕2 号》

取暖，形成区域聚集效应，从而获得配套产品和配套产业的支持以及成本优势；或者与大企业结盟，用自身的技术能力契合大企业的战略发展，从而获得互补性资源；又或者自发形成行业联盟，为新行业集体发声，以提升公众认知度。这些具体实践都有一个共同的特点，就是通过争取利益相关者对新兴技术创业企业的认可，来获得成长机会和相应的资源。由此可见，与各方利益相关者展开积极的策略性互动以争取其认可和支持，就成为新兴技术创业企业获得成长机会和相应资源的前提。然而，利益相关者本身又是嵌入到不同的制度系统中，使其可能同时具有多重角色，这增加了问题的复杂性，但同时也为新兴技术创业企业利用不同制度逻辑间的冲突策略性地争取利益相关者的支持带来了机会。

我国为应对百年未有之大变局所带来的国内外环境的新变化，从国家战略层面上制定了科技强国行动纲要，进一步健全社会主义市场经济条件下新型举国体制，以提高创新链整体效能，打好关键核心技术攻坚战。这为研究中国情境下新兴技术创业企业如何策略性地争取利益相关者的支持提供了现实需求和丰富的理论开发场景，基于此开展的新兴技术创业企业合法性获取策略及策略形成机制的情境嵌入式研究，对"讲好故事"的中国管理理论发展具有积极的推动作用，由此获得的发现与结论也将具有一定的实践指导价值。

(二) 理论背景

Aldrich 和 Fiol (1994)[2]发现，新企业为了与利益相关者建立起信任、与竞争产业处理好关系以及获得制度上的支持，采取与利益相关者相一致的行为，从而促进其生存与发展。与被动依赖资源相比，新企业采取主动合法化更能促进其诞生与成长[3]，这也就解释了为什么许多创业者在资源禀赋有限的情况下依然实现了创业梦想。Zimmerman 和 Zeitz (2002)[4]认为合法性作为一种用来获取资源的资源，有助于初创企业克服新进入缺陷[1]。初创企业通过一系列合法化策略，如获得背书或资质以及拓展社会网络，从而取得利益相关者的认可，以促进这些利益相关者与其交换资源。因此，新企业应积极为组织中的各类属性构建合法性，这些属性包括：新企业的组织身份、组织结构、组织战略、组织实践、社会网络、产品和服务等，从而获得利益相关者的认可[5]。我国学者杜运周等（2008）[6]提出了新企业合法化成长模型，为中国情境下的创业领域相关问题提供了合法性视角支撑。因此，本研究基于合法性理论，聚焦中国情境下新兴技术创业企业如何策略性地争取利益相关者的支持这一研究主题展开，旨在打开新兴技术创业企业合法性获取过程的黑箱。

现有的技术创业企业合法性获取问题的相关研究，已经将企业合法性获取嵌入到企业生命周期[2]或者新产品研发过程中[7]，动态地分析技术创业企业在不同阶段采取何种策略来获取它们所关注的合法性评估要素，如技术适用性、市场潜力和技术团队声誉等，这给了本研究很大的启发。在此基础上，本研究认为在分析新兴技术创业企业合法性获取过程时，还要结合新兴技术创业的特点以及基于实践观察到的新兴技术创业类型，对不同类型的新兴技术创业企业的合法性获取过程进行分别探讨。

此外，由于合法性的外部性特征，所以在以往的新企业合法性获取研究中，合法性听众作为评判新企业是否具备合法性的裁决者已成为这类研究问题中必须讨论的部分。新企业依赖于来自不同合法性听众的资源和支持，包括个人支持者、风险投资人、政府机构和其他企业[8]。Fisher 等（2017）[9]发现，之所以不同的合法性听众会对新企业做出不一样的合法性判断，是因为他们所秉持的制度逻辑有所不同。而中国情境下的合法性听众所嵌入的制度系统与西方的制度情境存在差异，所以即便是同一类合法性听众，因其所嵌入的制度系统不同，所秉持的制度逻辑也有所差异。例如，在经济转型的当下，我国正积极建设新型举国体制，将"有效的市场"和"有为的政府"两者有机结合，推进科技强国战略的有效实施。因此，政府在科技创新活动中承担着监管者、推动者和参与者等多重身份，在做决策时，其注意力焦点会受到国家逻辑、市场逻辑以及专业逻辑共同作用的影响。由此可见，需要立足中国情境，从制度逻辑视角剖析合法性听众做出合法性判断时所依托的制度逻辑，从而为新兴技术创业企业如何通过制度逻辑的编排实施相应的合法性获取策略提供理论依据。

二、研究问题

如研究背景所述，我国为新兴技术创业实践提供了良好的制度环境和历史机遇，由此涌现出的新问题值得学者们予以高度关切。首先，"双重新进入缺陷"增加了新兴技术创业企业在推动新兴技术商业化过程中的市场需求不确定性、资源困境以及制度障碍等挑战，在这种情境下，新兴技术创业企业该如何应对，以往的研究中并没有给出明确的回应；并且，以往的研究大多从静态视角来看合法性获取策略，忽视了新兴技术商业化过程中技术、市场、制度三个维度构成的创业机会空间的动态变化，无法真实反映新兴技术创业企业合法性挑战的动态性特征，因此也难以对真实情境中新兴技术创业企业合法性获取策略的有效性做出真实评价。其次，因资源禀赋和技术特征的差异，新兴技术创业企业在创业实践中会选择不同的创新导向，进而使其面对的合法性挑战以及合法性听众也会存在差异。在以往的研究中，有学者将技术创业企业的创新导向按照技术和市场的新颖性水平进行区分[10]，尽管这种划分依据具有一定的普遍性，但是并不能很好地反映新兴技术创业企业的类型学特征。因此需要扎根于新兴技术创业实践，从新兴技术创业企业的业务开发方式和创新方式出发，将新兴技术创业企业的创新导向加以区分，以便更加清晰地识别不同类型的新兴技术创业企业的合法性获取过程。最后，需要关注的是，在我国经济转型背景下，新兴技术创业企业的合法性听众往往具有多重组织身份，所以在评判新兴技术创业企业是否具有合法性时，会采用不同制度逻辑来制定评判标准。因此，在研究新兴技术创业企业的合法性获取策略时，要先辨明不同合法性听众的主要类型、组织身份及其遵循的制度逻辑，才能为创业企业合法性获取策略的制定提供理论依据和操作指导。

因此，本研究围绕"新兴技术创业企业如何策略性地获取合法性"这一核心问题展开，并进一步将其细化分以下三个研究模块：

研究模块一：新兴技术创业企业合法性听众的多重组织身份及其所嵌入的制度逻辑研究。旨在回答新兴技术创业企业的合法性听众有哪些？他们拥有何种组织身份？每一种组织身份所对应的主导制度逻辑是什么？在此基础上，提出合法性获取策略的制度逻辑编排模型。

研究模块二：技术创新导向的新兴技术创业企业合法性获取策略及策略形成机制研究。旨在打开底层技术创新导向和应用方案创新导向的新兴技术创业企业合法性获取的过程黑箱，提炼两种不同的合法性获取过程模型和相关命题，揭示技术创新导向的新兴技术创业企业合法性获取策略的形成机制。

研究模块三：市场创新导向的新兴技术创业企业合法性获取策略及策略形成机制研究。旨在打开探索型市场创新导向和利用型市场创新导向的新兴技术创业企业合法性获取的过程黑箱，提炼两种不同的合法性获取过程模型和相关命题，揭示市场创新导向的新兴技术创业企业合法性获取策略的形成机制。

三、技术路线与章节安排

（一）技术路线

本研究的技术路线，如图 1-1 所示：

现实背景
- ◆ 我国实施创新发展战略，为科技型创业企业创造了良好的制度环境和绝佳的发展机遇。
- ◆ 新兴技术创业企业面临因企业新生与产业新生所带来的双重新进入缺陷

理论背景
- ◆ 合法性理论为研究组织如何克服新进入缺陷提供了重要的理论支撑
- ◆ 合法性听众拥有多重组织身份，他们"嵌入"在不同的制度逻辑运行系统中，且具有历史权变性

文献回顾
- ◆ 新兴技术
- ◆ 技术创业
- ◆ 合法性理论
- ◆ 制度逻辑视角

研究问题

新兴技术创业企业如何策略性地获取合法性？

研究方案设计
- ◆ 研究框架构建
- ◆ 研究方法编排
- ◆ 研究对象筛选
- ◆ 数据收集策略

研究模块一：新兴技术创业企业合法性听众的组织身份与制度逻辑
- ◆ 合法性听众的多重组织身份识别
- ◆ 组织身份与制度逻辑适配的对应关系识别
- ◆ 合法性获取策略的制度逻辑编排模型构建

✓ 扎根理论分析数据
✓ 跨案例对比研究

✓ 扎根理论分析数据
✓ 诠释主义案例研究解释过程
✓ 实证主义案例研究揭示规律

✓ 扎根理论分析数据
✓ 诠释主义案例研究解释过程
✓ 实证主义案例研究揭示规律

研究模块二：技术创新导向的新兴技术创业企业合法性获取策略及策略形成机制研究
- ◆ 打开底层技术创新导向和应用方案创新导向的新兴技术创业企业合法性获取的过程黑箱
- ◆ 提炼两种不同的合法性获取过程模型和相关命题
- ◆ 揭示技术创新导向的新兴技术创业企业合法性获取策略的形成机制

研究模块三：市场创新导向的新兴技术创业企业合法性获取策略及策略形成机制研究
- ◆ 打开探索型市场创新导向和利用型市场创新导向的新兴技术创业企业合法性获取的过程黑箱
- ◆ 提炼两种不同的合法性获取过程模型和相关命题
- ◆ 揭示市场创新导向的新兴技术创业企业合法性获取策略的形成机制

结论与展望
- ◆ 研究结论
- ◆ 理论贡献与管理启示
- ◆ 研究局限与未来展望

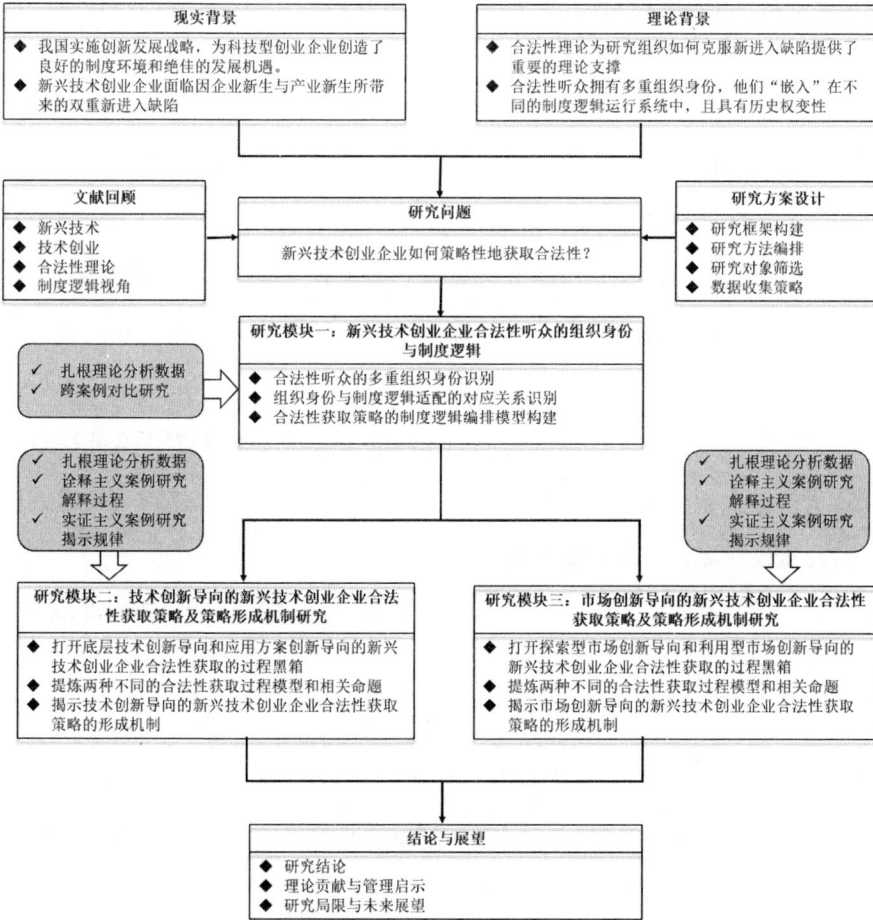

图 1-1 技术路线

　　首先，基于对现实与理论背景的分析，提出本研究的核心研究问题，明确研究思路和研究内容。其次，围绕研究问题展开相关文献的回顾，阐明开展本研究所基于的理论基础以及拟展开理论对话的落脚点。在此基础上制定研究方案，包括整体研究框架的搭建、研究对象的筛选标准以及研究方法的合理性。接下来，从研究模块一"新兴技术合法性听众的组织身份及其嵌入的制度逻辑"切入，为研究模块二和研究模块三建立理论基

础；然后分别对研究模块二"技术创新导向的新兴技术创业企业合法性获取策略及策略形成机制"、研究模块三"市场创新导向的新兴技术创业企业合法性获取策略及策略形成机制"展开分析。最后，总结本研究的相关结论，提出理论贡献与管理启示，并就研究局限展望未来的研究工作。

（二）章节安排

基于上述技术路线，本研究共分为七个章节，具体章节安排如下：

第一章绪论，介绍研究背景，提出研究问题，阐述研究内容以及与之相匹配的研究技术路线，并对本研究的主要创新点进行概括。

第二章文献综述，对新兴技术创业内涵及特征进行界定，由此提出新兴技术创业企业获取合法性的原因以及重要性，并给出研究新兴技术创业企业合法性获取策略的理论视角。

第三章研究方案设计，包括整体研究框架的搭建、研究方法的编排、研究对象的界定与筛选。

第四章从新兴技术创业企业合法性听众的社会行动入手，运用扎根理论的分析方法对合法性听众的组织身份和其行动背后的制度逻辑进行辨析，并厘清每一类合法性听众的组织身份与其所嵌入的制度逻辑间的对应关系，提出合法性听众多重组织身份及其所遵循的制度逻辑的适配性整合框架。

第五章以两家技术创新导向的新兴技术创业企业为案例研究对象，重点考察两家企业在新兴技术商业化过程中，为弥补资源缺口，克服新进入缺陷，所采取的一系列合法化行动，从而对比在底层技术创新和应用方案创新这两种不同的技术商业化路径中所采取的合法化策略的差异以及合法化策略的形成机制。

第六章以两家市场创新导向的新兴技术创业企业为案例研究对象，重点考察这两家分别选择了探索型市场创新和利用型市场创新两条不同新兴技术商业化路径的创业企业，它们的合法化策略差异以及合法化策略的形成机制。

第七章结论与展望，总结第四至六章的研究结论，提出理论贡献和管理启示，并就本研究存在的局限进行讨论，最后展望未来的研究方向。

四、主要创新点

本研究围绕"新兴技术创业企业如何策略性地获取合法性"这一核心问题展开，将合法化策略研究置于新兴技术创业实践的研究情境下，通过扎根理论和案例研究，试图回应学术界对合法性获取策略研究加强情境化和过程化的呼吁。本研究在以下三个方面具有创新：

第一，用制度逻辑视角的核心假定"嵌入能动性"，解释了新兴技术创业企业为何以及如何能够从合法性听众的多重组织身份中抽取不同的制度逻辑进行策略性编排，从而获得合法性听众的认可与支持，从而回应了学术界对于合法性研究应该超越这种单一合法性听众的简单假设，探索不同类型的合法性听众在新企业合法性判断上的差异，以及如何做出合法性判断和资源分配决策的呼吁。

第二，对新兴技术创业企业进行类型学上的划分，在此基础上提出了合法性获取策略及策略形成机制，并给出了合法性获取策略的适用情境和配套实施步骤，既具有一定的情境化特征，又能确保在一定的范围内具有推广性，从一定程度上缓解以往研究中的新企业合法性获取策略呈现两极分化的困境。

第三，将方法论拼接的研究设计思想运用到本研究中，提高了研究方法对研究内容的匹配度，使得本研究的研究方案更加合理，避免了长期以来案例研究中"实证主义"与"诠释主义"的争论。

第二章

文献综述

本章对与研究问题相关的文献进行综述。首先，回顾新兴技术创业领域的相关研究，旨在厘清新兴技术和技术创业两个核心概念定义的基础上，界定新兴技术创业的内涵，并阐明其研究价值；其次，回顾合法性理论的相关研究，包括合法性基础与来源、合法性内涵与外延，阐明合法性理论能够为新兴技术创业企业应对由新兴技术创造性毁灭和高度不确定性带来的生存挑战提供理论支撑的原因，并对现有的合法性获取策略研究进行梳理；最后，回顾制度逻辑视角的相关研究，阐述制度逻辑视角作为一种元理论框架，有助于辨明不同类型合法性听众的判断依据，并且指导新兴技术创业企业发挥能动性，利用不同的制度逻辑组合或逻辑间冲突，制定合法性获取策略。文献综述部分分析框架如图2-1所示。

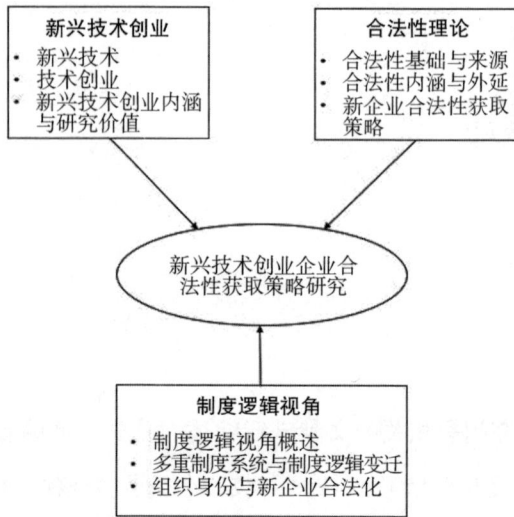

图 2-1　文献分析框架

第一节　新兴技术创业

新兴技术创业是我国创新驱动创业实践的典型代表之一，在推动经济高质量发展过程中展现了重要的实践价值[11]。新兴技术所独有的高度不确定性和创造性破坏的本质特征[12]，使得新兴技术创业者在开发创业机会与资源的过程中，比一般的创业者要面对更加复杂的创业情境，因此形成了一种独特的创业范式。本节遵循"分解—综合"的研究逻辑，先分别回顾新兴技术和技术创业两个研究领域的文献，再对这两个构念进行整合，从而系统、清晰地界定新兴技术创业。

一、新兴技术

新兴技术具有改变某个行业或者创造一个新行业的潜力[13]，它可以以一个部件、整个产品或是一个行业的形态呈现，但无论以何种形态呈现，其知识基础都在不断扩展，并且其应用也在推动现有市场的革新或者新市场的孕育。尽管新兴技术早已成为许多国家政策讨论的重点议题，并且会根据自身经济和社会发展情况以及国家战略需要划定某些重点发展的新兴技术和新兴技术产业，但是新兴技术的内涵和属性在学术界尚未形成较为统一的共识[14,15]。国内早期活跃在新兴技术研究领域的学者将新兴技术定义为"那些新近出现或正在发展的、对经济结构或行业发展产生重要影响的高技术"[12]。随着科技的进步和社会的发展，学者们不仅关注新兴技术对人类社会发展的积极作用，也开始关注由新兴技术发展的负外部性与不确定性所引发的环境、经济、伦理、社会等方面问题[16]。由此开始，新兴技术的双重特性被纳入其内涵及属性的相关研究中。

表 2-1　现有研究中对"新兴技术"的定义

代表性文献	新兴技术定义
Day 和 Schoemaker（2000）[17]	建立在科学基础上的革新，并且具有创造一个新的行业或者改变某个既有行业的潜力，可以以一个部件、整个产品或一个行业的形态呈现，其知识基础在不断扩展，其应用在推动现有市场的革新或者新市场的孕育
赵洪江等（2005）[18]	在某一实际应用领域里，相对于现有技术是新近出现的，具备蓬勃发展的趋势和较大的商业潜能，对现有企业将会带来突然的、急迫的、重大的变革或者影响
Srinivasan（2008）[19]	新兴技术的两个主要来源：新兴技术的接力赛进化和应用革命；新兴技术的四个特征：新兴技术的时钟速度特性、收敛性、主导设计和网络效应；新兴技术带来的三个影响：价值链转移、商品数字化和创新中心转移（从企业内部到外部）
Stahl（2011）[20]	那些有潜力在未来 10 到 15 年内获得社会相关性的技术，目前仍处于开发过程的早期阶段，其确切形式、功能、约束和用途仍在不断变化

续表

代表性文献	新兴技术定义
Rotolo 等（2015）[14]	一种完全新颖的且发展相对较快的技术，其特点是随着时间的推移具有一定程度的一致性，并有可能对社会-经济领域（包括伴随着相关知识生产过程中的社会行动者的构成、制度以及行动者与制度之间的互动模式）产生重要影响。然而，新兴技术最突出的影响是面向未来的，因此在其涌现阶段仍会表现出不确定性和模糊性
李蓓和陈向东（2015）[21]	一种正在出现且具备蓬勃发展趋势和较大商业潜能的技术，存在高度不确定性，在未来对行业经济或产业结构可能产生重大影响的技术
周萌和朱相丽（2019）[22]	一种正在兴起或发展的并且对未来的经济结构或行业发展将产生重要影响的根本性创新技术

＊图表来源：作者整理。

本研究梳理了已有文献中对"新兴技术"的定义，如表 2-1 所示，从中可以看出：

首先，学者们试图阐明"新兴"的概念和边界。尽管学者们对"新兴"的时间跨度界定没有形成统一的共识，但是普遍认为"新兴"是一个过程概念，是一个事物形成的过程，或变得重要和突出的过程[14]。新兴代表着一种希望、趋势和未来，同时也显示出高度不确定性、创造性毁灭与"赢者通吃"的特质[23]。"新兴"的五种属性——突破式新颖性、相对快速成长、技术身份的一致性、显著影响、不确定性与模糊性[14]，嵌入进技术演进的动态过程，从"低"到"高"水平不等如图 2-2 所示。具体而言，在一项技术的前新兴阶段（the phase of pre-emergence），其与某一领域的其他技术相比具有较高水平的突破式新颖性，尽管来自不同社群的实践专家参与了对其的研发，但是尚未对该项技术的边界进行清晰划定，在技术的身份问题上没有形成统一的共识，而且该项技术的未来发展存在着高度的不确定性和模糊性。直到该项技术获得了某种推动力后，会在可能已经选定的一些发展轨迹上对某些方面的技术性能进行优先排序和改进。

同时，一个实践社区也可能随之出现；出版物和专利中开始出现关于该项技术原理和应用的介绍；更多的研究人员和公司开始关注并参与到该项技术的研发中；该项技术的应用原型/产品相继出现。这些变化标志着该项技术进入了新兴阶段（the phase of emergence）。在新兴阶段，技术身份的一致性水平得到了提升，技术对经济—社会领域的影响的不确定性和模糊性水平却逐渐降低。最终，当进入了后新兴阶段（the phase of post-emergence），该项技术对经济—社会领域的影响和自身的成长速度趋于稳定或者降低，已经失去了最初的突破式新颖性；人们对该项技术可能产生的结果有了更加全面的了解，可以预测产生某种结果的概率；实践社区日益完善（如定期会议、专门的期刊等）。由此可见，五种新兴属性的水平变化趋势并非相同，在遵循技术采纳曲线的规律下，相对快速成长、技术身份的一致性和显著影响这三种属性呈现 S 型的变化趋势，而突破式新颖性和不确定性与模糊性这两种属性则呈现反向 S 型的变化趋势。

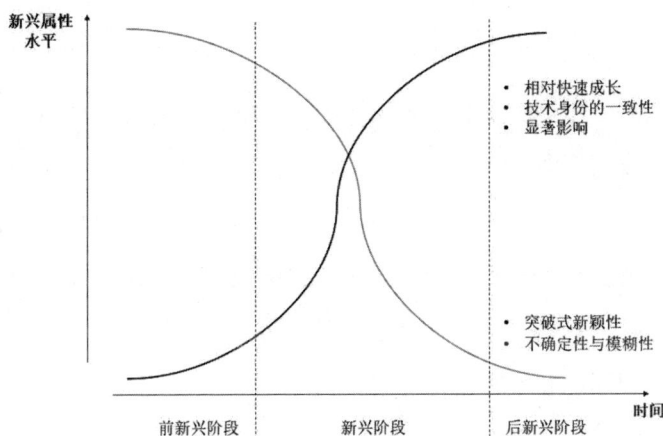

图 2-2　新兴属性水平趋势变化

＊资料来源：作者根据 Rotolo（2015）[14] 整理。

其次，学者们认为新兴技术是面向未来的，充满了高度不确定性。新兴技术因演进规律非线性、多因素相互关联、相关知识缺失导致预测未来困难等[24]，使其具有高度的不确定性，主要表现为技术、市场、管理以及配套环境的高度不确定性[12]。其中，技术的高度不确定性是指因新、旧技术范式的转换所导致的新兴技术在步入成熟期之前，其能否穿越以及何时穿越新性能过滤线①[25]，继而在主导设计的竞争中脱颖而出并形成新的技术轨道是不确定的[26]；市场的高度不确定性是指在新兴技术商业化过程中存在着技术与需求的动态匹配[12]，即技术性能的提升以及互补性技术的融合会引发需求升级或者创造出新的需求，进而促进新一轮技术性能提升和技术融合，但是并不是所有需求都会引爆一个巨大的市场，其中会受到诸如需求刚性、需求变化速度、潜在消费者对新品类的接受度以及消费能力等众多复杂因素的综合制约，这些都会导致市场的高度不确定性；配套环境的高度不确定性是由新兴技术自身及其市场的高度不确定性导致相关社会行动者对配套环境的建设决策的高度不确定性，并且，新兴技术与配套环境之间存在着发展的悖论（一方面，新兴技术的发展需要成熟的配套环境作为支撑；另一方面建设并完善配套环境的前提是新兴技术已经步入发展的成熟期并已显示出创造巨大经济和社会价值的潜力）加剧了新兴技术配套环境建设的迟滞以及不确定性；管理的高度不确定性是指技术、市场以及配套环境的高度不确定性增加了新兴技术管理的难度和不确定性，管理者不仅需要在财务分析、市场营销、战略规划以及组织设计等内部管理问题上建立新的管理思路，同时还要密切关注并预测伴随着新市场一同出现的技术伦理问题和政策监管变化。

最后，学者们在新兴技术对产业结构产生变革性深远影响上达成共

---

① 新性能过滤线，指相较于新兴技术，根据老技术综合性能发展的上限划定的性能水平线。老技术和一般新技术无法穿越只能无限接近新性能过滤线。只有当一项新兴技术穿越了新性能过滤线时，才能替代老技术，获得主流市场的认可。——资料来源：《新兴技术的特性与企业的技术选择》（高建，2007）。

识。新兴技术的本质是一种不连续创新，相较一般技术，具有更高的创造性破坏的潜力[25]，表现为新兴技术在创造新的行业和市场机会的同时，会对现有的行业和在位企业进行毁灭性的打击[12,27]。也就是说，新兴技术是通过破坏或淘汰现有技术/生产能力来建立新的市场/客户关系的。从物种形成的角度看，为新兴技术提供知识基础的科学是渐进式进化的，但是新兴技术对应用领域的改变却是创造性破坏的[13,19]，从而带动了社会经济的蓬勃发展，同时也改变了人们的生活方式以及产业结构[18,28,29]。

综上所述，本研究从技术来源、应用领域及其对经济-社会影响三方面界定新兴技术的内涵。首先，从技术来源看，新兴技术是一种具有突破式新颖性和高度不确定性的技术，所使用的科学原理与以往实现相同功能或目的所使用的其他科学原理存在根本性的不同，并且所依赖的知识基础仍处在不断扩展中，因而其技术身份尚未统一。其次，从应用领域看，新兴技术具有创造性破坏的潜力，将推动现有市场革新或孕育一个新的市场，但其应用领域尚在开发中，即便已经开始在某一领域应用，仍处在产品的主导设计竞争或原型设计阶段，甚至是最初的产品概念化阶段。最后，从对经济-社会影响看，新兴技术的出现会引发包括科研人员、企业家、投资者以及政府等多方社会行动者的关注，他们会基于各自的文化认知和知识结构以及彼此间的互动去预测新兴技术对经济-社会领域带来的变革，并以此作为决策依据进行相应的资源投入，从而推动新兴技术在相关领域应用的快速发展，继而带来生产/生活方式、经济结构以及政策制度的变革。

二、技术创业

学术界对技术创业领域的关注来自两个已经建立且密切相关的领域——创业和基于技术的创新[30]。创业研究的核心是创造和发现新的商业机会[31]，同样技术创业研究也继承了创业研究所关注的核心主题。技术创业侧重于探究创业者如何通过科学和工程的创新来培育新的商业机会。当科学或工程的发展孕育出新的商业机会，而这一机会又促使新的企业、市场、集群或行业的形成时，技术创业就出现了[30]。因此，技术创业与技术创新、新兴市场以及在新兴市场中涌现的新产品密切相关。以下将从技术创业内涵、研究主题及其理论视角对已有的文献进行回顾。

（一）技术创业内涵

距 1970 年学术界首次召开技术创业研讨会已经过去了半个多世纪，伴随着研究者对技术创业实践更加深入的观察和多理论视角的剖析，技术创业的内涵不断丰富完善。本研究梳理了以往学者对技术创业的定义，如表2-2 所示，以下将回顾技术创业内涵的演进过程。

表2-2 已有研究中对"技术创业"的定义

代表性文献	技术创业定义
Cooper（1973）[32]	一批具有较高自我实现需求并且愿意承担风险的来自大学实验室的教师或大型公司的工程师所开展的一系列围绕着技术商业化应用的创业活动
Roberts（1991）[33]	那些隶属或者不隶属于学术机构的创业者利用来自学术机构的核心技术或基于技术的想法创办新企业的行为
Garud 和 Karnøe（2003）[34]	一个建立在众多拥有不同技能和资源的行动者的努力之上的技术系统社会建构过程
张钢和彭学兵（2008）[35]	创业者发现并开发技术市场机会的过程
Beckman 等（2012）[30]	科学或工程的发展孕育出新的商业机会，促使新的企业、市场、集群或行业形成的创业活动
Bailetti（2012）[36]	创业者对一个项目进行专业人员和异质性资产的投资活动，以此来创造和获取商业价值
Ratinho 等（2015）[37]	技术创业者识别、创造和利用的商业机会，并且围绕着技术解决方案整合资源的行为

续表

代表性文献	技术创业定义
惠祥等（2016）[38]	拥有概念性技术的创业者或团队与期望通过开发差异性产品以实现资本快速升值的投资者共同成立新企业的行为
李胜文等（2016）[39]	创业者识别新技术机会，开发新产品以追逐市场利润的行为
王敏等（2018）[40]	由工程师或科学家发起的创业活动，在技术演进和商业化应用方面存在高度不确定，但也因此具有更广的机会空间，并且对资金的需求量大
谢雅萍等（2018）[41]	利用科学和工程方面的技术突破，开发新产品或提供新服务的创业活动
Wang 等（2021）[42]	通过新技术的资本化和商业化来创造可持续价值，从而加速企业成长，促进经济的可持续性增长
Kilintzis（2022）[43]	利用个人、组织和系统层面的异质性要素，以通过技术渠道创造价值为主要目标的创业活动

* 图表来源：作者整理。

20 世纪六七十年代，技术创业领域的相关研究刚起步。Cooper（1973）[32] 从技术创业者特质、促使创业者做出创业决定的孵化器组织①以及技术创业的外部环境三个方面回顾了当时尚处于技术创业研究起步阶段的文献，归纳了技术创业的内涵，并且发现，以技术为基础的新企业已成为创新的重要来源，成功地为不断发展的技术匹配相应的市场需求；同时，补充和激发了在位企业的核心竞争力，从而提升了行业的整体活力并带动了区域经济的增长。后来，美国《拜杜法案》（Bayh-Dole Act）的制定与实施，使受联邦政府资助的大学和科研机构的科技成果转化得到了制度上的保障。因此，有学者认为技术创业是那些隶属或者不隶属于学术机构的创业者利用来自学术机构的核心技术或基于技术的想法创办新企业的

---

① 此处的"孵化器组织"与现今"创业孵化器"的定义有所不同，是指创业者在创业之前所工作过的组织，该组织促使创业者做出创业决策并对其后续的创业行为产生影响。

行为[33,44]，这类技术创业企业又被称为学术衍生企业（academic spin-off firm）。

进入 2000 年以后，伴随着以电子信息产业为主的美国高科技产业的成功崛起，技术创业研究逐渐从创业研究中独立出来[45]。管理类顶级期刊 *Research Policy* 和 *Journal of Business Venturing* 先后为技术创业开设主题专栏，将技术创业确立为一个独立的研究领域，并呼吁研究者对技术创业进行更加广泛且深入的跨学科与多层次交叉研究。此后，技术创业的内涵也随之丰富起来。例如，Garud（2003）[34]采用了行动者的社会化视角，将技术创业视作一个建立在众多行动者的努力之上的技术系统的社会建构过程。这些行动者拥有着从创意到商业应用所需的不同技能和资源，其中不仅包括那些发现和创造新想法的人，还包括提供互补性资产的人，以及为塑造技术路径提供关键信息的领先用户。他们分散地嵌入到他们试图塑造的技术路径中，但是，随着时间的推移，这些技术路径又会反过来塑造嵌入其中的行动者。

又历经了十年左右的时间，技术创业的研究趋于成熟[30]，学术界的目光不再只聚焦在美国的技术创业实践上，世界其他国家和地区的技术创业实践也成为学者们的研究对象，从而使技术创业的内涵更具情境性。例如：技术创业的出现标志着科学或工程的发展孕育出的商业机会带来了新的企业、市场、集群或行业，而这些技术或工程的发展可能引发网络效应、先发优势、低成本优势以及新的技术标准等，在塑造新的价值链的同时可能会对现有市场造成重大扰乱[30]；技术创业实践中的新产品试验和生产、企业资产及资产属性等都与科技的进步和资产所有权有着错综复杂的关系[36]；技术创业者可以通过单独或组合使用三种基本策略——识别技术可行性、用技术降低交易成本以及使用新的技术范式开发新产品以填补市场空白，来获得竞争优势并创造可持续价值[37]，从而加速企业成长，促进经济的可持续性增长[42]。

通过以上对技术创业研究领域相关文献的回顾后发现，学者们对技术创业主体的界定，对技术创业过程、创业环境以及创业影响的理解随着技术创业实践的不断涌现也在发生变化。因此，本研究从技术创业主体、创业过程、创业环境和创业影响四个方面，并结合我国技术创业实践的特点，给出技术创业的定义：

首先，从技术创业主体看，技术创业是由一批具有较高自我实现需求并且愿意承担风险的接受过大学实验室科研训练和/或拥有工程师职业经历的人员主导，风险投资机构、企业孵化器和加速器、政府部门等共同参与的，利用科学或工程方面的技术突破开展的一系列围绕着技术商业化应用的创业活动。

其次，从创业过程看，技术创业是将技术、需求、资源三者进行动态匹配的过程，并且这一匹配过程要嵌入到技术路径的形成过程中。因此，技术创业需要较高的机会警觉，富有创造性地识别技术机会和部署异质性资源，从而创造商业价值和社会福利。

再次，从创业环境看，制度创新是技术创业蓬勃发展的环境基石，国家在政策上对技术创业的扶持能够破除科技成果转化和科研人员创业的制度障碍；吸引并培育大量优质的人力资源服务于技术创业；提振民间资本进入技术创业企业的信心；提升技术创业者的身份自豪感，形成科技创新创业的社会文化氛围。

最后，从创业影响看，技术创业是技术创新驱动的创业，通过推出新的产品品类来孕育新的市场，同时也会扰乱甚至颠覆现有市场；补充和激发了在位企业的核心竞争力，从而提升了相关产业的整体活力，并带动了区域经济的增长和社会福利的改善；涌现出新的技术范式，反过来推动高质量科技创新。

（二）技术创业研究主题及理论视角

创业学研究的核心是专注于创造和发现新的机会，而技术创业研究关注的是如何通过科学和工程的创新来培育这些机会。学者们融合了多种视角的理论，从动态的技术创业环境中探究技术创业现象的本质，并提出深刻的见解，从而推进了技术创业领域的理论发展。

本研究以检索式 TS =（（（technology OR technological）entrepreneurship）OR（new technology-based firm）） 在 Web of Science 核心集中对技术创业研究领域的高被引文献进行主题检索，并结合中国知网核心期刊库收录的主题为"技术创业"或"基于技术的新企业"的研究文献，对技术研究领域的主要研究主题和理论视角进行梳理（详见表 2-3），并做以下探讨。各研究主题间的关系如图 2-3 所示。

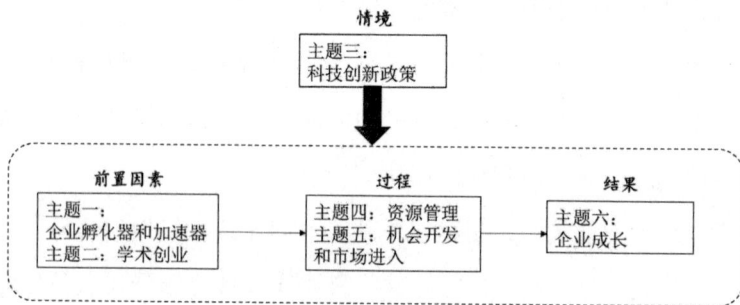

图 2-3　技术创业领域各研究主题之间的关系

＊资料来源：作者绘制。

表 2-3　技术创业领域研究主题、理论视角与主要观点

研究主题	理论视角	主要观点
企业孵化器和加速器	社会网络理论、社会资本理论、制度理论、结构权变理论、利益相关者视角、资源基础观、开放式创新	为技术创业企业提供直接获得资本和专业服务的途径；加快新产品或服务上市时间；将初创企业带入到一个由技术上和商业上的大玩家共同参与的网络中

续表

研究主题	理论视角	主要观点
学术创业	多重代理理论、知识溢出理论、组织公正理论、制度理论、叙事理论、创业生态系统、社会创业、制度创业	参与筹划和实施学术创业的各类行动者为了实现各自的目标而进行的互动，促进了科技创新成果的商业化，但同时也导致多重代理冲突的发生
资源管理	资源依赖理论、资源基础观、社会网络理论、资源行动视角、资源拼凑理论	合作伙伴为创业企业提供了通常只有成熟企业才具备的特权优势，其中包括技术诀窍和能力、稳定的交易网络和合法性，但合作的机会并非对所有各方都平等；技术创业企业可以通过知识资本的积累将资源转化为能力，由资源配置转变为能力配置
机会开发与市场进入	认知心理学、社会网络理论、社会资本理论、制度逻辑、知识溢出理论、进化学习理论、动态竞争理论、制度创业	机会开发受创业者的认知或人格特征、创业警觉性、角色认同、系统性搜索能力、先前知识储备、社会资本以及环境因素等综合作用的影响。由于技术创业通过技术创新推出新的产品或服务，会对现有市场造成熊彼特式的创造性破坏或者催生一个新的市场，因而技术创业企业的进入门槛尤其是进入成熟市场的门槛比在位企业要高。它们可以与成熟企业联盟，获得异质性资源、组织合法性和规模经济等，进而降低进入成本，提高进入速度
企业成长	Penrose 企业成长论、能力基础观、资源基础观、资源依赖理论、资源行动视角、战略网络理论、创新生态系统视角、商业模式二元性、组织学习理论	丰富的人力资本可以为技术创业企业带来更多的财务资源，从而填补"资金缺口"，克服阻碍企业成长的财务困境；技术创业企业因缺乏互补的商业能力造成的"知识缺口"使其技术驱动的竞争优势难以发挥，最终会危及其成长；具有强大外部链接、能与外部合作伙伴积极合作并表现出外部导向的创始团队更有可能接纳和增添新成员，从而使团队获得更多的信息、知识、能力、网络和管理能力，促进技术创业企业成长

＊资料来源：作者整理。

主题一：企业孵化器和加速器

企业孵化器作为技术创业的"策源地"在技术创业的起步阶段就引起了学者们的注意。但是，对孵化器最初的定义过于宽泛，认为每一个组织都可能被视为潜在的孵化器，并以各种方式影响其员工，使他们或多或少地有离开并创办新公司的可能性[46]。后来，学术界对企业孵化器的界定逐渐形成共识，继而围绕着企业孵化器行业的演进[47-49]、发展路径的分叉[50,51]和孵化器新商业模式的尝试[52]等新研究问题，从不同的理论视角，包括社会网络理论、社会资本理论、制度理论、结构权变理论、利益相关者视角、资源基础观以及开放式创新等，开展深入研究。值得关注的是，近年出现的私人独立或企业营利性孵化器更加青睐信息通信技术和其他高科技领域的初创企业[49,53,54]，通过为技术创业企业提供直接获得资本和专业服务的途径，以加快它们的上市时间，并将初创企业带入到一个由技术上和商业上的"大玩家"共同参与的网络中[55]。另外，大型成熟企业越来越多地尝试通过自己的企业孵化器与初创公司合作来促进自身的突破性创新。这些企业孵化器提供了传统孵化器或加速器提供的大部分服务，但旨在鼓励和帮助他们自己的员工创建新业务，这些业务可能会成为新的业务部门或衍生产品[56]。与此同时，孵化外部创意和创业者的孵化器越来越多地补充（或替代）这些以孵化内部创业者为主的孵化器[52]。因此，企业孵化器是企业创业中由外而内和由内而外两种方式兼而有之的开放式创新的有效手段[57]。

主题二：学术创业

学术创业是指通过申请专利、许可、创立新企业和建立大学与产业的伙伴关系[58-60]，激发大学的技术创业，以实现学术科学家创新成果的商业化[61,62]。因此，学术创业作为技术创业的发端和主要分支，历来备受技术创业领域学者的关注，其中涉及技术转让、产学研合作、大学孵化器以及创业型大学等研究问题，理论视角也呈现多样化，如：多重代理理论、知识溢出理论、组织公正理论、制度理论、叙事理论、创业生态系统和社会创业等。近几年，学术创业研究呈现出新的趋势，一是利用制度理论和制度创业的视角分析参与筹划和实施学术创业的各类行动者为了实现各自的目标而进行的互动[63]；二是学术创业中的多重代理问题日益凸显，主要表现为技术转移办公室在大学和学术创业者间的双重代理关系[64]，并且这种双重代理关系伴随着风险投资人/机构的加入进而演变成多重代理关系，由于各方行动者有着不同且相互冲突的目标和文化，致使多重代理冲突的产生[65]。

主题三：科技创新政策

技术创业的诞生和发展与科技创新政策的扶持密切相关。科技创新政策是由产生于特定历史情境的具有持久生命力的框架所塑造的。框架随着时间的推移而演变，其影响力超越了公共政策领域，深刻且具体地影响着非政府组织以及私营企业部门甚至家庭和个人的动员和活动[66]。Schot 等（2018）[66]提出了三种塑造科技创新政策的框架——鼓励研发、构建国家创新体系以及促进社会技术系统的转型性变革，并指出新框架的出现并不一定会取代现有框架，但是框架之间会相互竞争，目的是争夺政策制定者的想象力，并最终争夺公民的想象力。特定政策及其后续行动的理论和论据的合法性将受到公民对主流框架理解的影响。因此，科技创新政策既是从宏观层面自上而下影响技术创业实践，反过来同时又会被不断涌现的新的技术创业实践框架塑造。学者们会采用技术经济范式理论、技术创新系统视角和社会技术转型的多层次视角等理论视角来探究技术创业的各方行动者是如何在特定的制度情境下参与技术系统的社会建构[66-68]。

主题四：技术创业企业资源管理

技术创业企业与非技术创业企业一样都要面临新进入缺陷[1]，而且技术创业通常会涉及因技术创新带来的新产品和新兴市场，这为技术创业增加了不确定性，从而增大了其获取资源的难度。

在资源获取方面，创业企业依靠与其他组织合作来获取关键资源的做法在创业研究中已经得到了很好的证实[69-72]。合作伙伴为创业企业提供了通常只有成熟企业才具备的特权优势，其中包括技术诀窍和能力、稳定的交易网络和合法性[73]，但合作的机会并非对所有各方都平等[74]。资源依赖观点强调合作机会来自对互补性资源的拥有[75]，而社会网络理论强调企业在社会网络中的角色是合作机会来源[73,74]。

在资源配置方面，尽管在传统的资源基础观研究中，主流观点仍是更多和/或更好的资源能够为企业带来高水平的成长。但是，有学者对这种过于简单化的关系提出质疑，并且通过实证发现资源受限的企业也可以实现卓越的增长[76]。这迫使学者们开始重新思考资源与创业企业成长之间的关系，并从不同理论视角给出更加合理的解释。例如：技术创业企业可以通过知识资本的积累将资源转化为能力，由资源配置转变为能力配置[77]。因为嵌入在人力、组织以及社会资源中的存量知识资本是相互关联的，而且将存量知识资本转化为企业竞争优势也是不同资源相互作用的结果[77]。不同的资源配置可以捆绑成不同的能力配置，从而解释了竞争优势差异的形成原因[78]。

主题五：技术创业企业机会开发与市场进入

技术创业机会开发是将科技成果与现实需求进行匹配的过程，即技术"落地"，是决定一个技术创业企业能否成功的关键要素[79]。机会开发受创业者的认知或人格特征[80-82]、创业警觉性[83,84]、角色认同[79]、系统性搜索能力[85,86]、先前知识储备[87,88]、社会资本[89]以及环境因素[87]的综合作用的影响。创业者所掌握的信息（包括先前的知识储备、社会资本等）以及信息搜索方式（创业警觉性搜索与系统性搜索）构成创业机会开发的前置要素，社会网络则为创业者开发创业机会提供了获取信息的重要途径，而角色认同直接影响着信息的获取、甄别与理解[79]。由此可见，在现有的研究中，学者们从认知心理学、社会网络、社会资本、制度逻辑以及知识溢出等理论视角剖析技术创业机会开发过程。

技术创业企业市场进入是指其已经将技术知识开发完成，计划将这一技术知识用于特定的市场[90]，推出新的产品或服务[91]。顺利进入市场标志着创业成功，并且在新企业的早期成长阶段发挥着关键性作用[92]。由于技术创业通过技术创新推出新的产品或服务，会对现有市场造成熊彼特式的创造性破坏[93]或者催生一个新的市场，因而技术创业企业的进入门槛尤其是进入成熟市场的门槛比在位企业要高。"选择一个有吸引力的高峰并独自攀登"的策略对技术创业企业而言是不可取的，不过它们可以与成熟企业联盟，获得异质性资源、组织合法性和规模经济等，进而降低进入成本，提高进入速度[94,95]。尽管在新市场中，客户群尚未形成，竞争对手相对较少，但由于新市场自身也面临着合法性困境，所以对于技术创业企业来说，挑战依旧很大[94]。在研究技术创业企业市场进入的文献中，学者们采用了进化学习、动态竞争、制度创业、制度逻辑以及社会网络等多样性的理论视角，剖析技术创业企业进入的市场类型以及进入市场的动机、时机、门槛以及进入方式等。

主题六：技术创业企业成长

目前学术界主要从企业内部和外部两个方面探讨技术创业企业或基于技术的新企业成长影响因素，其中，来自企业内部的影响因素包括由人力资本带来的财富效应和能力效应[96,97]、企业自身的创新角色定位（包括应用创新型、市场创新型、技术创新型和范式创新型）[98]、初始资源[99]、体现在高质量团队合作中的创始团队合作能力、与个人及组织网络中的合作者建立和维护关系的创始团队关系能力[100]、创始团队的财务管理能力[100]、组织能力[101,102]、决策逻辑[103]以及商业模式演化[104]等；来自企业外部的影响因素有孵化器及孵化器内层网络[105]、联盟（包括技术联盟、市场联盟和标准联盟）[95,106]、产业集群[107]、风险投资[108]以及政府补助[109]等，所采用的理论视角包括Penrose企业成长论、能力基础观、资源基础观、资源依赖理论、资源行动视角、战略网络理论、创新生态系统视角、商业模式二元性以及组织学习理论等。

三、新兴技术创业内涵与研究价值

通过对新兴技术与技术创业相关文献的回顾与分析，整合本研究对新兴技术和技术创业的内涵界定，以下从创业主体、创业过程、创业环境以及创业影响四个方面给出新兴技术创业的定义。首先，从创业主体看，新兴技术创业是由一批具有较高自我实现需求和风险承担愿意、接受过某一新兴技术相关专业的科研训练和/或拥有某一新兴技术相关领域的工程师职业经历的人员主导，风险投资机构、企业孵化器和加速器、政府部门等共同参与的，利用新兴技术突破式新颖性和高度不确定性开展的一系列围绕新兴技术商业化应用的创业活动。其次，从创业过程看，新兴技术创业是将技术、需求、资源三者进行动态匹配的过程，并且这一匹配过程要嵌入到技术路径的形成过程中，需要创业者具有较高的机会警觉，并且富有创造性地识别技术机会和部署异质性资源。再次，从创业环境看，新兴技术创业是一种需要制度创新作为其蓬勃发展的环境基石的创业实践。国家在政策上对新兴技术创业的扶持能够破除科技成果转化和科研人员创业的制度障碍，吸引并培育大量优质的人力资源服务于新兴技术创业，提振民间资本进入新兴技术创业企业的信心，提升新兴技术创业者的身份自豪感，形成科技创新创业的社会文化氛围。最后，从创业影响看，新兴技术创业是技术创新驱动的创业，通过推出新的产品品类来孕育新的市场，同时也会扰乱甚至颠覆现有市场；补充和激发了在位企业的核心竞争力，从而提升了相关产业的整体活力，并带动了区域经济的增长和社会福利的改善；涌现出新的技术范式，反过来推动高质量科技创新。

由本研究对新兴技术创业的定义可知，新兴技术创业活动能够释放巨大的商业价值，并促进相关产业的发展，从而带动区域经济的增长和社会福利的改善。但是，新兴技术创业企业与其他初创企业一样都会面临因企业新生带来的新进入缺陷（liability of newness）[1]；同时，又会因其创造性毁灭的特质，使得传统产业对其包容性较低，而由其催生出的新产业尚未建立起合法性，此时的新兴技术创业企业面临着来自企业新生和产业新生的"双重新进入缺陷"[40]，制约其生存和发展。尽管现有研究对新企业如何应对因企业新生带来的新进入缺陷已经做了回应，提出新企业所在的社会系统（social systems）对商业体系（business institutions）是一个很好的补充，新企业可以通过一系列花费很少资金甚至不需要资金的活动，如获得背书（endorsement）或资质（certification）、拓展社会网络等来建立自身合法性，从而为投资者提供另一种决策基础[4]，但是，新兴技术创业企业面临的"双重新进入缺陷"使其获取合法性的过程变得更加复杂。创业者需要明确合法性挑战产生的前置因素，理解合法性关键听众所嵌入的制度情境对企业获取合法性的影响，从而制定相应的获取策略，提升企业自身的合法性水平，使企业获得成长的机会和相应的资源。因此，新兴技术创业是一个研究价值与研究挑战并存的研究领域，多样化的研究情境为学者提供了从不同理论视角寻找研究问题的机会。

第二节　合法性理论与制度逻辑

"合法性"一词是由社会学家韦伯在研究"权威"的来源时，首次将其引入社会学研究领域[110]。20 世纪 70 年代，随着新制度理论的创立，合法性被新制度主义学派用来解释制度同构下的组织趋同现象[111]，并逐渐成为新制度理论中的一个重要概念。合法性是"一种普遍化的理解或假定，即某个实体的行动在社会构建的规范、价值观、信仰和定义系统中被认为是可接受的、合理的或正当的"，是"被客观地拥有但主观地创造的"[112]。因此，合法性反映了行动者的"社会结构性"和"能动性"的二元性特征。在组织研究中，资源依赖理论和社会交换理论仅仅将合法性视为组织从其所处的制度环境中获得的一种资源[113]，但新制度理论则认为合法性不只是一种被占有或拿来交换的资源，而是一种反映被感知到的、与相关规则和法律或文化-认知框架相一致状态[114]。本节基于新制度理论对"合法性"的界定，阐述合法性基础与来源、内涵与外延以及新企业合法性获取策略。

一、合法性基础与来源

制度的三大基础要素——规制性、规范性和文化—认知性制度要素为合法性提供了三种相互关联但又区别显著的支撑[82,115,116]。规制合法性建立在强制性奖惩的基础上，即当组织采取了与法律法规要求相一致的行为时，组织就具备了规制合法性；规范合法性建立在价值观和规范的基础上，即当组织的行为结果符合价值观和规范的约束性期待时，组织就获得了规范合法性；文化—认知合法性建立在共同理解的基础上，即组织通过遵守共同的情境定义和参照框架，或者采纳被认可的角色/结构模板，构建文化—认知合法性[115]。规制合法性和规范合法性来自制度环境中的外生性合法性压力，而文化-认知合法性则强调了基于共同文化框架下的组织内生性的合法性动力[117]。但是，Scott 提出的制度三大基础要素之间缺乏平行性[118]。因为，文化-认知比规范和规制更普遍、更抽象；规范和规制是文化-认知的对象，指导行动者理解规范和规制的含义[118]，也就是说，"内部的解释过程是由外部文化框架所塑造的"[119]。由此可见，三种合法性基础并非完全独立，而是形成了一个从有意识的、合法实施的、具有规制作用的规则集合到一个无意识的、被视为当然的、具有建构作用的规则集合的连续体[119,120]。关于合法性基础的讨论，有学者给出了类似但略有差异的观点。其中，Aldrich 和 Fiol（1994）[2]提出了社会政治合法性①和认知合法性，而 Suchman（1995）[112]提出了实用合法性②、道德合法性③和认知合法性。

不同类型的合法性来源因合法性基础不同而存在差异，具体而言：

首先，规制合法性来自政府机构、专业协会和行业协会以及其他权威机构的认可、证明、鉴定、资格认证或委托[113,121]，只要行动者遵守了规制性规则就会自动获得规制合法性，同时也会被那些关注规制性规则的利益相关者接受。相反，一旦行动者不遵守规制性规则，即便其已经获得规制合法性，也会立刻丧失，同时可能会为此付出沉重的代价。

其次，规范合法性来自规范系统对行动者行为提出的一种规范性期待。抱有这种期待的支配性行动者，对期待所指向的焦点行动者既赋予权利也施加义务，既提供许可也实施命令和操纵[119]。对于新企业而言，可以通过履行资源控制者所秉持的规范和价值观来获取规范合法性，进而获取相应的资源[4]。

最后，文化—认知合法性来自由专业和科学团体颁布的、被广泛接受的信念和被视为当然的假定。共同的信念、认知框架和被视为当然的行动逻辑为行动者提供了日常管理和清晰的编码化知识[116]。

---

① Aldrich 和 Fiol（1994）的社会政治合法性覆盖 Scott（1995）的规制合法性和规范合法性两者的内涵。
② Suchman（1995）的实用合法性是指组织的行为结果要符合利益相关者的利益诉求。
③ Suchman（1995）的道德合法性与 Scott（1995）的规范合法性内涵相似。

综上所述，三种合法性基础是构成合法性的三个维度，也是剖析合法性构建过程的三个视角。因此，当进一步拓展合法性概念的外延时，需要根植于三种合法性基础，来剖析某一合法性外延的来源、载体以及构建过程。

二、合法性内涵与外延

(一) 合法性内涵

Suchman（1995）[112]对合法性的定义涵盖了评价性和认知性维度，并且明确指出合法性听众在合法化动态中的作用。Suddaby（2017）[122]对Suchman（1995）[112]提出的合法性定义从所有物、过程和认知三个认识论视角进行了概念澄清，如表2-4所示：

首先，当合法性被概念化为一种所有物时，它可以是被某个实体所拥有的无形资产、资源或能力[123]，而这个实体扮演着合法性拥有者的角色。因此，合法性可以被获得[124]、增加[125]、失去[125]或修复[126]，也可以扩散到其他组织[127-129]（即"合法性溢出"和"合法性背书"）。

其次，当合法性被概念化为一个过程时，它可以被更确切地理解成"合法化"。合法性是一个持续性的社会谈判过程产物，涉及多个行动者（通常是组织）的积极参与。在这个过程中，合法性从"打地基"开始，随着时间的推移"被建造"起来，合法性水平被不断提升，在某个时刻跨越了阈值或临界点，就从此确立了合法性[4,130]。行动者具有较高的能动性，扮演着变革者的角色，通过构建合法性来推动变革。

第三，当合法性被概念化为一种认知时，它被理解为一个跨层次的社会认知过程，通过个体认知与超越个体的社会过程的互动起作用[131,132]。但是，参与评估合法性的社会行动者来自不同的层次，并且没有聚集成单一的群体或合法性听众，他们出于认知经济（即最小化努力）、社会一致性以及个人利益或害怕受到制裁的原因，从而做出自己的判断或者采纳他人的判断[132,133]。值得注意的是，作为一种社会认知的合法性具有两极性，即合法性范围从正合法性到负合法性，并且评价者会对自己的合法性判断进行选择性沉默[133]。例如，即使评价者集体中没有一个人私下赞成该对象（合法性为零）或者所有人都私下反对该对象（合法性为负），也可能存在一个高度有效的合法性对象；同样，即使评价者集体中的所有人私下都认可这个对象（合法性为正），也可能存在一个高度无效的合法性对象[122]。

表 2-4　三种不同的认识论视角下的合法性内涵比较

认识论视角	合法性内涵	合法性特征	行动者角色
所有物	一种被行动者所拥有的无形资产、资源或能力	可以被获得、增加、失去或修复，也可扩散到其他组织中	拥有者
过程	一个持续的、涉及多个行动者积极参与的社会谈判过程	动态的、非线性的社会建构过程；合法性被反复创造、重塑或征服；合法性建构过程中存在合法性阈值	变革者
认知	一种社会认知或社会评价	存在于来自不同层次的行动者的心理活动中，通过个体认知与超越个体的社会过程的互动起作用；是行动者集体判断的产物，不受某个特定行动者判断的影响	评价者

＊图表来源：作者根据 Suddaby（2017）[122] 整理。

（二）合法性外延

合法性被概念化为"一个实体被认为是与其所处的制度环境中的一整套社会构建的规范、价值观、信仰和实践相一致"[112,119]。因此，现有的研究将合法性归属于不同的实体，并强调不同合法性的构建过程。合法性可以归属于不同类型的实体，包括个人、组织、商业模式、行业、技术等[2]。于是，合法性外延得到丰富，如技术合法性、产品合法性、市场合法性、行业合法性以及联盟合法性等。

合法性通常与新生事物有关，如新企业、新技术或新行业，而合法性是这些新生事物调动资源或获得监管支持的关键[2,4]。本研究聚焦新兴技术创业企业的合法性获取策略形成机制，而这一机制是嵌入进新兴技术商业化过程中的。在新兴技术商业化过程中，新技术被采用生产出新产品，而大量具有相似功能的新产品的涌现又催生出新的市场类别。因此，以下就对与新兴技术商业化密切相关的技术合法性、产品合法性以及市场类别合法性进行文献回顾。

1. 技术合法性

合法性对于新技术和成熟技术都很重要，因为它是调动资金、人力和物质资源以及获得监管支持的先决条件[134,135]。然而，构建合法性对于新技术来说尤为重要，特别是当其与现有技术截然不同时[2,136,137]，其中的隐含假设是"一旦一项新技术被人们所熟知并且得到了众多关键行动者的支持，它就克服了新进入障碍，获得了合法性"[136]。技术合法性来自技术开发者、专家、协会或利益团体对技术做出的整体评价[136,138,139]。

Markard 等（2016）[140]将技术合法性定义为"某一技术被公认为其与所在情境中的制度结构相一致"，并从规制、规范和认知三个维度来明确技术合法性。其中，规制型技术合法性涉及正式的技术标准和社会性技术物化，规范型技术合法性主要指主导设计原则，而认知型技术合法性则包括对技术的理解和技术目的[140]。

技术合法性具有动态性，引起技术合法性变化的原因主要有三个：一是技术在其生命周期性内的演变；二是技术所在情境的变迁；三是技术与情境之间制度关系的变化[140]。由此可见，辨明了技术合法性变化的主要原因有助于新兴技术创业者战略性地回应技术合法性的变化，并且能够更加主动地引导技术合法性变化的方向。

2. 产品合法性

Zhang（2021）[7]将产品合法性定义为一种普遍的认知或假设，即产品的特性在一个有着一套特定的规范、价值观和信仰的商业生态系统中是可接受的、恰当的或合适的。产品合法性来自客户、政府监管机构、互补产品供应者以及利益集团对产品做出的整体评价。任何具有颠覆性或者革命性的新产品在进入市场时都将面临合法性挑战[7]。此外，宏观环境也会影响新产品的合法性构建过程[7]。例如，作为新兴经济体之一的中国正处在追求高质量发展的经济转型中，各地政府出台相应的扶持政策积极推动现有产业的数字化改造与升级，这就为数字化产品的上市与推广提供了良好的政策环境和旺盛的市场需求，从而降低了构建产品合法性的难度，并且缩短了构建产品合法性的进程。

新产品的成功上市能为企业带来巨额的利润，因此企业有极大的意愿和动力去构建新产品的产品合法性。企业可以策略性地选择将新产品定位于能够最好地发挥其技术优势来创造和捕获价值的行业和客户，或者高效地利用现有的内、外部合法性来源，或者在设计产品特色时既要遵守相应的行业规范和标准又要满足客户的具体需求，又或者参与制定与产业生态系统和行动者相关的新制度[7]。

3. 市场合法性

新市场是指那些"尚处在形成早期的商业环境"[141]，它为创业企业打开了新的机会空间。尽管新市场极具吸引力，但同时也充满着高度不确定性，例如：技术、产品或过程是未经测试或尚不能被完全掌握的[142]，产品的定义不清晰甚至是未知的[143]，新生的市场类别特征模糊或结构不良[144]。因此，一个新的市场或市场类别的合法性对身处其中的创业企业的资源获取和价值创造具有重要作用[2,144-147]。

新市场的合法化是一个复杂的社会过程[148-150]。在这个过程中，市场合法性的构建者利用标签、框架和叙事来赋予新市场意义，使它的身份可被理解并且吸引人，从而带动合法性听众参与到意义赋予中来，去整理和评估市场合法性构建者的主张[146,151]。当市场合法性构建者和听众就一个有意义的原型身份达成一致时，新市场或市场类别的合法性就确立了[152]，并且这个原型身份代表了声称属于新市场的组织群体[145]，组织群体越是坚持原型身份，群体中的个体组织和新市场本身就越会被听众接受和认可[149]。

Navis 和 Glynn（2010）[151]通过研究美国卫星无线电市场的合法性构建过程，揭示了在这一过程中采取战略性和/或象征性行动的企业（即内部行动者）和判断新市场的可行性、可信度和适当性的感兴趣的听众（即外部行动者）之间的相互作用。Lee 等（2017）[152]探讨了美国加州有机农民认证组织作为一种市场中介机构如何在努力使一个新市场（即有机农产品市场）合法化的同时，尽量保持其成员之间共享的、独特的身份，并且阐明了在新市场合法性构建过程中新市场身份与利益相关者权力（包括媒体、行业或专业协会以及评级和认证机构等）的动态博弈。

综上所述，尽管技术合法性、产品合法性以及市场合法性已经引起了学者们的关注，但是在为数不多的现有研究中，学者们仅聚焦其中一种合法性，并且研究问题和结论也呈现碎片化。然而，技术合法性、产品合法性和市场合法性三者是天然地嵌入到新兴技术商业化过程中去的，三种合法性之间相互影响、相互作用。因此，厘清三种合法性之间的作用关系是研究三种合法性形成机制和获取策略的前提。

（三）新企业合法性获取策略

新企业由于其自身的新进入缺陷所带来的高失败风险，导致其在创立初期面临着重大的合法性挑战[1]，并且伴随新企业合法性挑战的四个主要并发症——最优区分、听众的多样性、市场类别演变和多重合法性门槛，使得新企业获取合法性的过程变得更加复杂[153]。

获取合法性是新企业合法化的目的，现有研究主要从五个理论视角——制度视角、文化创业视角、生态视角、印象管理视角以及社会运动视角，来剖析新企业的合法化机制。其中，制度视角强调认知性制度结构（如被视为当然的观念）[154]和评价性制度结构（如权威组织的认证和评级）[5]对合法性听众判断的影响；文化创业视角强调新企业要做文化经营者，善用文化工具（包括框架、类别、故事和叙事）来获取合法性[155]；生态视角认为，如果新企业进入了一个密度稀疏的新生制度情境中，则被视为缺乏合法性，而当它进入了一个密度较高的成熟制度情境时，则被视为具备了合法性[156]；印象管理视角强调新企业使用印象管理策略（例如：象征性管理或讨好）强化对其有利的方面并淡化或隐藏对其不利的方面从而影响合法性听众的判断[157,158]；社会运动视角强调新企业使用集体框架（即行动导向的信念和意义集合）发起社会动员，从而获取合法性[139,159,160]。

Überbacher（2014）[5]整合了上述五种研究新企业合法化问题的理论视角，开发出一套新的类型学，从情境判断、组织判断、战略行动和集体行动四个视角看待新企业的合法化过程。他认为，在情境判断视角下，新企业应选择对合法性听众而言是可理解和/或可取的情境进入，从而利用情境体现自身的属性来获取合法性，例如：新企业所在的行业有健全的行业标准和/或政策支持、新企业欲进入的目标市场已有成熟的市场类别；在组织判断视角下，新企业应积极为组织中的各类属性，例如：新企业的组织身份、组织结构、组织战略、组织实践、社会网络、产品和服务等，构建合法性，从而获得合法性听众对新企业的认可；在战略行动视角下，新企业应通过在新颖的甚至是"离经叛道"的创业活动与合法性听众的意义系统之间建立或重塑联系，有目的地遵守或操纵合法性听众的期望和价值观，例如：象征性行为、讨好战术、讲故事以及类比论证等，从而控制合法性听众对新企业合法性的判断；在集体行动视角下，尤其是来自新兴行业或市场的新企业，应联合起来选出集体行动代言人，如企业家代表或者行业外的活动家，开展步调一致的集体行动，以游说合法性听众以获得对新企业所在企业群体的认可。值得注意的是，这些集体行动通常会涉及有争议的行动框架，包括"诊断框架"以识别现有行业标准的问题，"预测框架"以划定这些标准对合法性听众和社会的负面影响，以及"激励框架"以呼吁合法性听众支持企业家或活动家提出的新的解决方案。Überbacher（2014）[5]在他的研究中倡导学者应重视从多个维度综合地看待新企业合法性的获取过程，以期获得更加平衡且细致的理解。

学者们除了从不同的理论视角解读新企业的合法性获取过程，并给出具体的行动建议外，还尝试从方法论层面给出策略性的指导，其中 Oliver（1991）[161]的五策略和 Suchman（1995）[112]的四策略是比较有代表性的组织合法性获取策略，具体而言：

Oliver（1991）[161]从资源依赖观出发，提出了五种组织战略性响应制度压力的策略——默许、妥协、逃避、对抗和操控。其中，默许策略包括习惯性地坚持前意识或被认为理所当然的规则、规范和价值观，有意或无意地模仿既有的制度模型，以及有意识地遵从正式的规则和规范；妥协策略包括平衡多个利益相关者的期望，安抚或部分顺从利益相关者的期望，以及与利益相关者进行谈判让其做出一定的让步；逃避策略包括表面伪装成顺从以隐瞒实际的不顺从，通过与外界联系的部分脱离或解耦从而减少对制度的依赖，以及通过目标、活动和场域的改变来逃离充满压力的场域；对抗策略包括无视明显的规则、规范和价值观，公然挑战制度压力，以及攻击、贬低甚至谴责制度的价值观和这种价值观的传播者；操控策略包括笼络外部利益相关者来战略性地利用制度连带以证明组织的价值，重塑或重新解读价值观和评估标准，控制利益相关者和合法性的来源、分配与表达。

Suchman（1995）[112]提出了三种合法性获取策略，包括服从已存在的合法性听众的支配，选择支持现有组织实践的合法性听众和环境，以及通过创造新的合法性听众和新的信念来操纵环境。Zimmerman 和 Zeitz（2002）[4]在 Suchman（1995）[112]的策略基础上，提出了新企业获取合法性的四个策略——依从、选择、操纵和创造。其中，依从策略强调与现有的社会结构（包括社会运行的脚本、规则、规范、价值观和模式）的要求和期望相一致；选择策略强调一定程度地与现有的环境保持一致，但是组织可以选择有利于自己的外部环境；操纵策略强调改变环境以达到组织和环境的一致，是一种先发制人的干预；创造性策略强调为新企业开发一个现在并不存在的环境，甚至包括政府的法规、规范。

国内学者结合中国的制度情境对不同类型的新企业给出了相应的合法性获取策略，其中，张玉利和杜国臣（2007）[162]指出合法性具有外部性和传递性，因此，新企业可以通过在集体行动中采取"搭便车"策略获取合法性；李雪灵等（2011）[163]认为新企业可以根据具体的制度情境选择采取战略合法性行动或者维持自洽合法性状态来克服合法性障碍；杜运周和刘运莲（2012）[164]提出在中国转型背景下，新企业应积极与社会网络（包括政治网络、投资者网络以及顾客关系网络）成员互动从而获取和提高企业的合法性；李雷和朱钱晨（2019）[165]以小米公司为案例研究对象，归纳出网络环境下新创平台企业合法性获取策略——安排共同理解、进行颠覆设计、增加可信度、情感调动以及权利保证，而张强等（2020）[166]则以支付宝为案例研究对象，归纳出机会窗口驱动下的互联网创业企业可以采取通过满足市场需求建立与利益相关者之间的紧密联系来获取认知合法性，通过舆论造势引导利益相关者做出有利判断和选择监管宽松的细分市场规避行业规范来获取规范合法性，以及通过业务模式创新来为企业营造有利的经营环境从而获得规制合法性。

综上所述，新企业的合法性获取策略问题受到了学者们的广泛关注，并且从不同的理论视角给出了应对策略。但是，现有研究中的新企业合法性获取策略呈现两极分化的现象，一种是高度概括性的具有指导意义的策略，另一种是深度情境化的具象策略。前者虽然普适性强，但是缺少必要的适用情境分析和配套的实施步骤；而后者又太过碎片化，缺少必要的归类与提炼。重要的是，现有的研究较多关注以合法性类型作为制定合法性策略的依据，忽略了合法性的外部性特征。也就是说，合法性听众才是新企业能否获得合法性的裁决者，并且处在多重制度系统中的合法性听众具有多重组织身份，其注意力焦点受主导逻辑的支配，随着主导逻辑的改变而变化。因此，在研究新企业合法性获取策略时，影响合法性听众判断的相关因素理应也必须纳入问题研究的视野。

三、制度逻辑视角

制度逻辑视角是一个方法论视角，被用来解释行动者在社会结构中的部分自治性（partial autonomy），即个体和组织行动者如何被制度逻辑所影响，又如何创造、修改制度逻辑[118]。作为一种制度分析的元理论框架，制度逻辑视角适用于任何社会情境，目前已成为社会学与组织理论中的核心视角，并且其活力和成长性日益凸显[118]。本节将概述制度逻辑视角的理论起源、内涵界定以及主要特征，并在此基础上回顾多重制度系统和组织身份的相关研究，从而阐述用制度逻辑视角研究新兴技术创业企业合法性获取策略问题的恰当性。

（一）制度逻辑视角概述

制度逻辑视角起源于 20 世纪 90 年代末，是社会学者在回应新制度理论的局限时发展出来的理论视角。Friedland 和 Alford（1991）[167] 作为制度逻辑视角的奠基之作，开创性地将"行动者"（actor）的概念引入社会语境，并且将"社会"视为一个存在潜在冲突的多重制度系统（interinstitutional system），强调社会行动者的行为是嵌套在赋予其机会和束缚的组织和制度系统中的，认为理解社会行动者行为的关键在于理解他们如何立足于不同的制度系统之中，正是社会行动者和制度逻辑彼此间的相互作用塑造了社会结构和社会行动，由此翻开了制度分析新篇章。随后，Thornton 和 Ocasio（1999）[168] 将 Jackall（1988）[169] 的结构性和规范性视角与 Friedland 和 Alford（1991）[167] 的结构性和象征性视角进行整合，提出结构性、规范性和象征性是制度的三个必要且互补的维度，这与新制度理论中 Scott（1995，2001，2008）[115,116,119] 提出的"制度支柱"观点中认为"制度由结构性（强制性）、规范性和象征性（认知性）三种可分离的制度载体组成"是不同的，并正式将制度逻辑定义为一种由社会构建的、关于文化象征与物质实践（包括假设、价值观和信念）的历史模式。由此可见，制度逻辑视角将制度的二元性（即物质性和象征性）进行理论化，既包含制度中有关物质、基于实践的层面[111]，又包含制度中有关文化、象征的层面[154]。这一重要的理论整合使制度逻辑视角不仅能够解释环境如何影响组织同质性和文化同质性，还能够解释组织异质性和文化异质性的发生机制，更使制度逻辑视角具备了成为一项有关制度与组织的元理论的理论潜质。

在过去的二十多年间，一批充满活力的学者对制度逻辑视角展开了大量的理论性和经验性的研究①，使之逐渐成为社会学和组织理论中的一个核心视角[170]。如今，制度逻辑视角为各领域的学者在研究制度、个体和

---

① 在 Web of Science 核心集中检索主题"institutional logic"，共检出期刊文献 3373 篇；在中国知网中检索主题"制度逻辑"，共检出期刊文献 3325 篇。

组织在制度系统中的相互关系时提供了一个相对完整的元理论框架[118]。

1. 制度逻辑的内涵

Friedland 和 Alford（1991）[167]使用制度逻辑来解释个人、组织和社会三个嵌套分析层次之间的关系，并指出现代西方社会中的每一种制度秩序——（资本主义）市场、（官僚）国家、（民主）政治、（核心）家庭和（基督教）宗教，都有一个中心逻辑。这些制度逻辑存在于特定的时间和地点，具有历史权变性，为嵌入其中的个人和组织提供行动基础（包括类别、信念和动机等），并且限制他们的行动方式及结果。Friedland 和 Alford（1991）[167]认为存在多种社会层面的制度，它们既相互依存又具有相互矛盾的制度逻辑。个人和组织可以选择他们所偏好的制度逻辑来操纵和重新解释象征系统，以实现一种制度与另一种制度的对抗。Thornton 和 Ocasio（1999）[168]则将制度逻辑与制度秩序分离，这使得可以将多种制度逻辑设想为在组织、行业或场域中共存，以及将单一逻辑设想为与多种制度秩序相关联或从多种制度秩序中衍生出的。这一观点开启了关于互补、竞争和多元或混合逻辑的实证和理论的研究[171]。因此，Thornton 和 Ocasio（1999）[168]将制度逻辑定义为一种由社会建构的、关于文化象征和物质实践（包括假设、价值观和信念）的历史模式。

2. 制度逻辑视角的基本原则

作为一种综合性、多层级和跨层级的元理论框架，制度逻辑视角蕴含的元理论基本原则包括：社会行动者的能动性与结构性的二元性；制度既有物质性又有象征性；制度的历史权变性，以及制度的多重分析层级[118]。首先，制度逻辑视角的一个核心假定是嵌入能动性，即个体与组织的利益、身份、价值观与假设都嵌入盛行的制度逻辑中[172]。基于这一核心假定，制度逻辑解释了行动者在社会结构中的部分自治性（partial autonomy），以及制度如何既约束又促进个体与组织行动者，从而创造出一种关于制度稳定性与制度变迁的理论。其次，制度逻辑视角同时考量了制度的物质层面（即结构与实践）和象征层面（即思想与意义），主张社会中的每一项制度秩序都包含物质元素和象征元素，二者相互交织、相互构成。象征是在结构和实践中体现的，而结构和实践则表达和影响了象征的意义[173]。值得注意的是，在看似相同的制度实践和制度结构中可能涵盖了不同的行动者，由此产生不同的象征意义。因此，制度逻辑视角能够帮助研究者把象征效应从结构效应中剥离出来，从而更好地理解二者的因果顺序和运作机制。第三，制度逻辑视角假设制度具有历史权变性，多重制度系统的演化与历史的变迁相互依赖。制度的历史权变性构成了制度逻辑的涌现、再现和变迁的理论基础，同时也是多重制度系统的稳定性和变迁的理论基础。第四，制度逻辑视角假定制度在多个分析层级（包括个体、组织、场域和社会）上运作，行动者则嵌套其中。制度逻辑视角下，社会被概念化为一个近似可分解的多重制度系统，这使得"理论化并测量文化对制度场域中的认知和行为的影响，以及这种影响的差异化、碎片化和相互矛盾的本质"[118]成为可能。

（二）多重制度系统与制度逻辑变迁

1. 多重制度系统

制度逻辑视角最重要的贡献是在社会层级上发展制度理论[118]。Friedland 和 Alford（1991）[167]将社会分为三个层级，分别是相互竞争与谈判的个体、相互冲突与协调的组织，以及相互矛盾与依赖的制度，并将之称为多重制度系统。制度逻辑视角下的"社会"被视作一个存在潜在冲突的多重制度系统，这成为制度逻辑视角最核心的创新之一[170]。Thornton 等（2012）[118]把多重制度系统发展成一个由理想型构成的模型，并强调理想型的使用是分析的首要步骤，其可以帮助研究者避免因无谓重复经常混淆的实证情境而陷入困境，进而探讨了该系统作为一个理论和方法论工具的作用。

多重制度系统的理想型是一种分析工具，将规范性方法①（Y 轴）和子系统方法②（X 轴）结合起来，用于系统地定义和确定制度秩序的边界，适合对特定结果进行多因素解释[118]。理想型 X 轴上的制度秩序代表了社会制度的子系统，而每一种制度秩序则由 Y 轴上的类别要素或构成要素组成，坐标系中的每一个单元格给出了指导性的示例。X 轴上的制度秩序涉及家庭、社区、宗教、国家、市场、专业和公司等 7 个社会制度子系统，Y 轴包含根隐喻、合法性来源、权威性来源、身份来源、规范基础、注意力基础、战略基础、非正式控制机制以及经济体制[118]。因此，多重制度系统理想型为研究者观察与测量跨层级效应和因果机制提供了一个多层级分析工具，对于解决嵌入能动性以及解释制度的涌现和变迁至关重要[118]。

制度逻辑视角下，合法性存在于各种制度秩序间的谈判中[174,175]。社会行动者能够穿越并借鉴多重制度秩序，通过混合[176]或者隔离不同制度秩序的类别元素，创造新的制度逻辑或者改变现有制度逻辑[118]以期获得合法性。因此，多重制度系统的理想型对研究行动者的合法性获取策略问题具有适用性。

2. 制度逻辑变迁

外部事件[177,178]或内部矛盾[179,180]都有可能触发制度逻辑变迁。制度逻辑的变迁形式可分为转型变迁和发展变迁两大类[118]。其中，转型变迁包括替代（一种制度逻辑替代另一种制度逻辑）[181]、混合（将不同的制度逻辑混合成一种新的制度逻辑）[176]、隔离（从同一起源分离出不同的制度逻

---

① 规范性方法主要通过内部化机制来解释规范的持续存在。

② 子系统方法是指在特定集群或部门内，诸如国家、专业、家庭和市场等，定义或识别制度。这些部门被概念化为不同的活动领域，每个领域都具有由象征和实践支撑的特定规范，每个领域都形成了制度系统的一个特定部分，但其具体类型可能千差万别。

辑）[182]，而发展变迁则涵盖同化（盛行的制度逻辑吸纳其他制度逻辑使其成为盛行逻辑的一部分）[183]、细化（盛行的制度逻辑内部发展出新的叙事和实践从而强化了盛行的程度）[184]、扩展（制度逻辑从一个制度场域转移到另一个制度场域）[185]、收缩（缩小制度逻辑的范围）[186]。

综上所述，来自不同制度秩序的类别元素或构成元素为制度逻辑的变迁提供了素材，而制度逻辑变迁的类型则呈现出多样化的制度逻辑变迁方式。无论是内部矛盾触发的制度逻辑变迁还是外部事件导致的制度逻辑变迁，其变迁过程都是社会行动者和制度逻辑相互作用的结果。一方面，社会行动者受其所嵌入的不同制度逻辑的塑造而具有多重身份；另一方面，社会行动者的多重身份又在推动或阻碍制度逻辑的变迁。因此，社会行动者的多重身份在研究制度逻辑变迁过程中应当给予重点关注。

（三）组织身份与新企业合法化

身份是制度逻辑的一个关键的类别元素，同时也是研究制度逻辑多元性的一个重要着眼点[118]。社会行动者受其所嵌入的不同制度逻辑的塑造而具有多重身份。新企业及其利益相关者作为不同类型的社会行动者，他们所秉持的不同的制度逻辑会为他们塑造出多重身份。新企业可以利用身份机制，包括讲故事[2,146,187-194]、意义赋予[151,195-197]、印象管理[157,198-200]、类比和论证[141,143,201-204]、文化代理[205]、集体框架[139,159,206-208]以及象征性行动[158,209]，建立和管理新企业的合法性。而新企业的利益相关者，作为其合法性听众，也会因自身承担的多重身份形成不同的评判标准，对新企业实践的有效性和适宜性作出判断[118]。

1. 身份机制与新企业合法化

身份机制解释了企业家策略性地使用文化工具和身份声明，如图像、符号和语言，促进合法性听众对新企业实践和目标的理解，从而让其描绘的新企业形象与合法性听众所期望的保持一致，以增强和管理新企业合法性[155,210]。例如：秉持社区逻辑的众筹支持者认为他们对新企业的支持是一种投资行为，如果新企业通过身份声明、使用符号和描绘形象来强调其将为众筹社区所做的贡献以及为众筹支持者带来的价值，那么新企业将获得合法性[211]；秉持国家逻辑的政府拨款管理机构看重政府资助科学的声望和选择性，如果新企业通过身份声明、使用符号和描绘形象来阐述其具备取得重大科技或知识进步的潜力，那么新企业将获得合法性[212]；而秉持市场逻辑的天使投资人看重产生超额经济回报的投资机会，如果新企业承诺将给现有市场带来创造性毁灭，削弱在位企业的竞争力，从而为其创造巨大经济回报，那么新企业将获得合法性[213]。

2. 合法性听众的制度逻辑

新企业依赖于各种合法性听众的资源和支持，包括个人支持者、风险投资人、政府机构和其他企业[7,8]。不同的合法性听众有不同的评价标准、规则和程序[130]。合法性评价代表了存在于旁观者眼中的社会判断[214-216]，因此，当新企业被视为这些合法性听众的利益、价值观和信仰的有效且合理的代表时，新企业就具备了合法性[217]。

但是，以往的新企业合法性研究并没有系统地区分不同类型的合法性听众对新企业合法性的判断[158]，并且只专注于新企业如何在一种特定类型的合法性听众（例如投资者）中获得合法性，还试图在理论上将他们的发现推广到其他类型的合法性听众上[192]。因此，有学者呼吁，未来的研究应该超越这种单一合法性听众的简单假设，探索不同类型的合法性听众在新企业合法性判断上的差异，以及如何作出合法性判断和资源分配决策[5,187,204]。

Pahnke 等（2015）[218]提出，不同的新企业支持者可能在不同的制度逻辑下运作，而制度逻辑视角则为区分不同类型的新企业合法性听众提供了有意义的理论基础[9]。在不同的实践、假设、价值观、信仰和规则下运作的人群所秉持的制度逻辑有所不同[118]。因此，要理解不同类型的合法性听众如何以及为什么认为新企业是合法的，就需要考虑影响他们决策的制度逻辑，比如：由国家逻辑主导的政府、以专业逻辑为主的风险投资、以企业逻辑为主的企业风险投资和以市场逻辑为主的天使投资[118]。

本章小结

本章主要从新兴技术创业、合法性理论以及制度逻辑视角三部分回顾了与研究问题相关的文献。首先，通过回顾新兴技术和技术创业两个研究领域的文献，对这两个构念进行整合，从而系统、清晰地界定新兴技术创业的内涵和特征。其次，通过回顾合法性理论的相关研究来回应以合法性理论作为理论基础开展新兴技术创业企业应对生存和发展挑战相关研究的正当性；同时，也指出新兴技术创业企业合法性获取过程应嵌入到新兴技术商业化过程中，结合每一阶段面对的合法性挑战来制定相应的策略。最后，回顾了制度逻辑视角作为一种元理论框架的理论发展历程，强调处在多重制度系统中的合法性听众具有多重组织身份，其注意力焦点受主导逻辑的支配，因此新企业可以通过身份机制与合法性听众的制度逻辑保持一致，从而获得合法性。通过回顾相关文献，为后续章节开展研究提供理论支撑，同时也指出了本研究理论创新的发力点。

第三章

研究方案设计

本研究旨在识别新兴技术创业企业在新兴技术商业化过程中所面临的合法性挑战，并探讨如何通过行之有效的合法性获取策略应对合法性挑战，进而揭示新兴技术创业企业合法性策略形成机制。因此，本章首先在文献研究的基础上，整合技术创业理论、制度逻辑视角以及合法性获取策略等相关文献的理论成果，并结合新兴技术创业实践，提出本研究的总体研究方案和研究框架；然后基于总体研究方案，选择与研究框架相匹配的研究对象和研究方法；最终形成对研究方案的系统性完备介绍。

第一节　整体研究框架

Hernes（1998）[219] 将社会机制定义为研究者所构建的一种虚拟现实，用以考察、理解和构建一项有关现实的理论。机制反映了某种活动的规律性运作过程，而对于机制研究的核心往往也在于厘清影响这种规律性运作过程的各组成因素的结构、功能及其相互联系，以及这些因素产生影响、发挥功能的作用过程和作用原理。因此，机制被广泛应用于社会科学研究领域中。研究者在构建理论时，也常通过"机制"推断将来的结果。机制具备两种抽象的元素，其一是对行动者的具体说明，其二是对行动者所在结构的具体说明[118]。随着学者们将机制应用于社会科学研究领域中，逐渐形成了"动因—行为—结果"、"前因—过程—结果"以及"是什么—为什么—怎么做"等一系列基本的分析框架[220]，这些分析框架为机制研究提供了良好的分析思路。

由于机制具有连接事件因果并且随时间展开的特征，所以能够挖掘隐藏于现象背后的底层运行逻辑[221]。本研究基于"前置因素—过程—结果"这一基本分析逻辑，提出新兴技术创业企业合法性获取过程的研究框架，如图3-1所示：该研究框架以识别新兴技术创业企业合法性挑战和合法性关键听众为出发点，探讨新兴技术创业企业如何通过制度逻辑编排制定合法性获取策略，以及相应的策略将带来何种合法化结果，从而打开新兴技术创业企业合法性获取过程的黑箱。

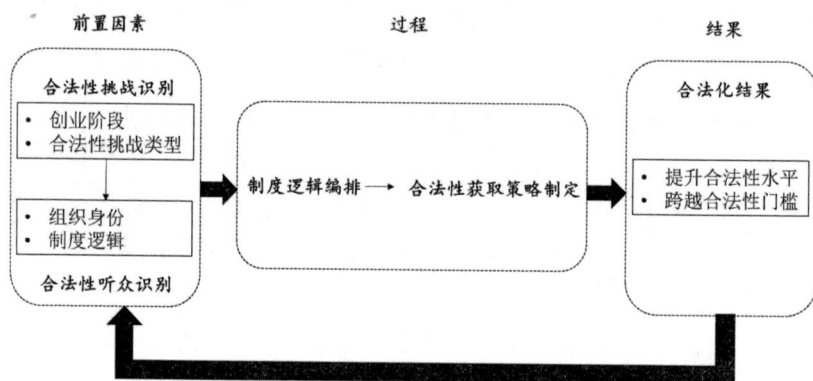

图 3-1 新兴技术创业企业合法性获取过程研究框架

*资料来源：作者绘制。

新兴技术创业企业合法性获取过程展现的是新兴技术创业企业如何识别其所面对的合法性挑战，如何策略性地与合法性听众展开社会互动以争取其认可与支持，最终实现企业的合法化。这一过程包括前置因素的识别、合法性获取过程以及合法化结果三个部分，具体而言：

前置因素是指新兴技术创业企业获取合法性的前提条件，包括新兴技术创业企业在每个创业阶段所面对的合法性挑战类型、合法性听众的组织身份及其嵌入的制度逻辑识别。对新兴技术创业企业合法性获取过程的前置因素分析，有利于超越单一合法性听众的简单假设[5]，通过辨析合法性听众拥有的多重组织身份，发现其嵌入的制度逻辑，从而揭示导致不同类型的合法性听众在合法性判断上存在差异的原因，为下一步研究新兴技术创业企业如何策略性地编排影响合法性听众的制度逻辑以制定有效的合法性获取策略打下分析基础。

对合法性获取过程的研究，目的是以动态分析的视角来剖析合法性获取策略的形成机制。由于新兴技术创业企业作为"社会行动者"，其行为嵌套在赋予其机会和束缚的制度系统中，所以社会行动者能够穿越并借鉴多重制度秩序，通过混合[176]或者隔离不同制度秩序的类别元素，创造出新的制度逻辑或者改变现有制度逻辑[118]以期获得合法性。因此，研究新兴技术创业企业如何对合法性听众所嵌入的制度逻辑进行策略性的编排，是揭示合法性获取策略形成机制的关键。

合法化结果，即合法性获取的结果，包括合法性水平的提升和合法性门槛的跨越。合法性门槛是一个很难被识别到，但却客观存在的现象，而且对于每一个合法性对象来说，其合法性门槛都有一定的独特性[4]。因此，新兴技术创业企业通过采取一系列合法性获取策略，使其合法性水平不断提高直至跨越合法性门槛，增加其获得成长所需资源的机会，从而克服由"双重新进入缺陷"带来的资源困境。值得注意的是，合法化过程是一个往复式前进的过程，因此某一阶段的合法化结果又会成为下一个阶段获取合法性的前置因素。

综上所述，对新兴技术创业企业合法性获取过程进行解剖麻雀式的深入研究，有利于阐明合法性获取策略制定背后的理论依据、提高合法性获取策略的有效性，以及揭示新兴技术创业企业合法性获取策略的形成机制。

第二节　研究方法

本研究旨在解决新兴技术创业企业如何获取合法性的问题，整体属于"如何（how）"的研究问题，而其中涉及的新兴技术创业企业在新兴技术商业化每个阶段所面对的合法性挑战、合法性获取策略制定背后的制度逻辑、如何制定合法性获取策略或策略组合等具体问题也都是"为何（why）"或"如何（how）"的研究问题。总的来说，新兴技术创业企业合法性获取问题属于系统性的研究问题，具有一定的复杂性，难以通过单一的研究方法得出全面、完整的研究结论。因此，本研究基于方法论拼接思想，将案例研究方法和扎根理论结合并进行有效编排，分析来自企业实践的大量质性材料，最大限度地还原研究问题的真实面貌，以期构建新的理论来完善和丰富新兴技术创业合法性相关的研究。

一、案例研究

案例研究，又称案例实证研究，与数理实证研究共同组成实证研究[222]。案例研究方法是指通过对案例资料进行竞争性理论视角解读，并不断比较和迭代阶段性研究成果，归纳提炼出与研究主题相关的结论，从而实现新理论的构建。案例研究旨在深入研究现实中正在发生的现象[222]，并试图挖掘和解决隐藏在现象背后的理论问题，进而构建相关理论或提出一些独特的研究解释。一般而言，案例研究假定探究与被研究案例相关的情境和其他复杂情形是理解案例不可或缺的，对典型性案例进行探究是厘清相关问题的关键[223]。

尽管案例研究方法早已成为一种被广泛应用的社会科学研究方法，但是仍遭遇到一些方法论上的挑战，究其原因主要源自两种对案例研究的偏见：一是认为案例研究只能作为一个前奏用于使用其他社会科学方法（如，实验法和问卷法）开展研究的探索阶段；二是对研究过程的有效性缺乏信任[223]。事实上，任何一种系统化的科学研究方法都可以贯穿研究的整个过程，而案例研究法也远远超出其探索的功能，能够独立完成对某一研究主题从最初的研究问题的探索到最终的研究结论的正式形成。因此，案例研究通过深度关注案例，以系统化的实施程序提高其构建效度、内部效度、外部效度以及开展案例研究的可靠性，同样能够如期了解更广泛的情境和其他复杂情形，并形成涵盖某一特定案例研究的广泛议题[223]。

目前，学术界基于实证主义（positivism）和诠释主义（interpretivism）两大哲学基础形成了两类案例研究范式，一类是以 Yin 和 Eisenhardt 为主要倡导者的实证主义案例研究范式，另一类是以 Gioia 为主要倡导者的诠释主义案例研究范式[224]。实证主义范式侧重于通过从研究对象的情境中提取并解析出变量来对案例进行解释，试图得出一些超越情境因素的变量之间的一般性因果关系，以探索事物的普遍规律并解释现象；而诠释主义范式则强调深入案例情境对一个正在调研的案例的发生过程给出解释，通过了解事物的差异性从而更好地理解现象，具有地方性和历史性的特点。两种研究范式在适宜的研究选题、研究设计和研究评价上存在一定的差异，也正因此让研究者对现实世界的观察和理解变得更加全面和多元。不过，两种研究范式在案例的选择上都坚持理论抽样的原则，都希望获得多样化来源的案例数据，并且都遵循理论扎根于数据的诠释精神。井润田和孙璇（2021）[224] 提醒学者不要将这两种经典的研究范式视为开展案例研究时必须套用的模板或"公式",这样不仅限制了理论创新,而且有悖于开发这两种范式的学者的初衷,即说明数据和理论之间联系的严谨性。

此外,案例研究方法因其注重从真实情境中理解理论、从具体实践中提炼理论,加之适合回答"为何"以及"如何"的问题,所以在呼吁国内学术界形成"基于中国情境构建中国理论"学术风气的当下,案例研究得到了国内学者积极的响应,也成为学者们常用的阐释具有中国特色的研究的方法之一[225,226]。

二、扎根理论

扎根理论是一种归纳式的、以建立理论为目标的质性研究方法,并且也是情境化研究方法论的代表,而情境化研究方法论是破解严谨性与实用性矛盾的关键[227]。Glaser 和 Strauss（1967）[228]首次提出"扎根理论"的概念,并在日后的理论演进过程中逐渐形成了基于不同认识论基础的三大流派——经典扎根理论、程序化扎根理论和建构型扎根理论。其中,经典扎根理论强调研究者应处于守株待兔式的研究状态去等待真理的自然涌现;程序化扎根理论则强调,研究者内心可以如千军万马般的思想奔腾,但思想的边界却要借助形式上的规范化来界定;而建构型扎根理论在吸收了经典扎根理论中有关归纳、对比、涌现和开放性的方法的同时还借用了程序化扎根理论中的因果假设逻辑[229]。三种扎根理论流派的差异集中体现在编码过程中。经典扎根理论的编码步骤包括开放性编码、选择性编码和理论性编码;程序化扎根理论的编码步骤包括开放性编码、主轴编码、选择性编码;建构型扎根理论的编码步骤包括初始编码、聚焦编码、主轴编码和理论编码。虽然不同流派的扎根理论的编码方式不同,但科学、合理的编码分析是扎根理论的核心,本研究根据研究主题选择程序性扎根的方式,以更为全面地反映新兴技术创业企业合法性的获取过程,避免研究者个人认知偏见对研究结论产生的影响。

扎根理论嫁接了实证主义和诠释主义这两种看似矛盾的研究范式，是为了"填平理论研究与经验研究之间尴尬的鸿沟"[224,228]。具体而言，扎根分析中认识论假设、分析逻辑和科学严谨编码方法反映了实证主义的强调的普适化和一般化结论需求，而在对已有资料的分析过程中，研究者如何基于自身认识进行系统化的理论构建过程也侧面反映了诠释主义的认识论。可以说，扎根理论的兴起表明了研究方法之间的融合，虽然学者之间在认知上存在一定的差异，但如何通过科学的方法得出有价值的结论是学者们共同追求的方向之一[224]。在本研究中，对于新兴技术创业合法性获取策略问题的剖析既涉及合法性挑战、合法性关键听众的组织身份及其嵌入的制度逻辑等内容的分析，也涉及企业和合法性关键听众二者间互动关系的探究，因此，使用扎根理论的分析方法，通过层层编码从原始数据中发现理论，能够使得研究结果更具科学性。

三、方法论拼接

《管理科学季刊》（Administrative Science Quarterly，ASQ）的副主编Pratt 教授提出了"方法论拼接（methodological bricolage）"的研究设计思想[230,231]，旨在避免因不顾及研究内容生硬地套用质性研究模板而削弱甚至剥夺研究者的选择权的情况发生，从而在保证研究可信任性的同时提升方法的多样性与创造力。

方法论拼接是一种研究策略[231]。成功的方法论拼接是依据与研究主题的契合度来对研究方法进行有效编排，可以在同一篇论文中涵盖源自不同研究方法的分析步骤，以合理、新颖的方式来识别、理解和阐明数据逻辑的一系列"动作"[232]。这一拼接的研究思路在案例研究中体现得较为明显，长期以来案例研究中"实证主义"与"诠释主义"的争论体现了不同方法流派间学者们的争议，学者们就以 Maanen 和 Gioia 为代表的诠释主义案例研究方法和以 Eisenhardt 和 Yin 为代表的实证主义案例研究方法进行了大量的争论，但随着相关研究的演进，学者们逐渐认识到就质性研究而言，研究方法的科学性（例如：科学的理论抽样、对概念的科学测量、明确地研究问题、多样化受访对象等）和研究的有趣性二者并不冲突，不论是诠释主义还是实证主义均有其优缺点，研究者要学会合理地取长补短，将多种方法进行组合，进而得出科学、有价值的研究结论。

方法论拼接的策略为本研究提供了很好的研究思路，在探讨新兴技术创业企业合法性获取策略问题时，不仅需要采用一手数据收集方法，如访谈、实地调研等，也需要利用二手数据收集渠道，如企业年报、档案，相关新闻报道、政策文件等，从而全面地进行数据收集；并且在进一步探究新兴技术创业企业所面临的合法性挑战、合法性关键听众的组织身份及其嵌入的制度逻辑时，更需要从大量的文字材料中通过科学、规范的数据挖掘方法进行数据分析。此外，对新兴技术创业企业合法性获取策略的研究，也涉及实证主义和诠释主义的方法论拼接，一方面，研究需要采用诠释主义的思想尽可能地呈现新兴技术创业企业所采取的各种合法性获取策略以提炼新兴技术创业企业合法化过程；另一方面，也需要利用实证主义中的复制原则，通过多案例对比研究得出普适性的研究结论。因此，方法论拼接的研究策略可以很好地适用于本研究的研究情境与研究问题，具体的研究方法编排方式如下节所述。

四、本研究的研究方法编排

基于以上分析，本研究借鉴方法论拼接的研究设计思想，在研究设计和数据收集部分采用了案例研究方法；在原始资料整理、核心构念涌现和过程模型构建等环节运用了扎根理论；在案例分析和结论形成部分使用了案例研究方法。具体如下图 3-2 所示。

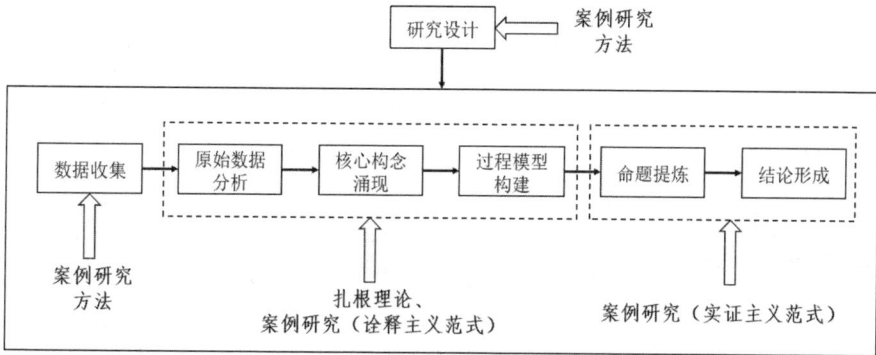

图 3-2 本研究的研究方法编排

首先，本研究围绕新兴技术创业企业如何获取合法性以及合法性策略的形成机制展开，需要深入理解不同类型的新兴技术创业企业如何针对秉持不同制度逻辑的合法性关键听众，制定相应的合法性获取策略，从而构建自身的合法性，所以本研究整体属于"如何"的研究问题。而且，将合法性获取问题置于新兴技术创业情境中，新兴技术的突破式新颖性和高度不确定性使得对合法性获取过程的研究具有一定的探索性，同时需要对合法性获取策略的形成机制进行解释，因此适合根据具体的研究问题采用探索性或解释性的案例研究设计。

其次，本研究采用案例研究方法倡导的数据收集策略，整合深度访谈、档案文件、现场观察和二手资料等多渠道数据来源，形成真正的证据三角形，从而提升收集数据的可信度。

再次，本研究采用扎根理论分析原始资料获得涌现出的核心构念，在此基础上遵循诠释主义案例研究范式构建过程模型。新兴技术创业企业在新兴技术商业化过程中的不同阶段所面对的合法性挑战特征及不同合法性挑战间的作用关系、关键合法性听众的组织身份多样性、合法性获取过程的复杂性等都需要紧密贴合研究情境,扎根到原始数据中去,采用合适的编码技术,最大限度地还原研究问题的真实面貌。

最后,本研究在案例分析与结论归纳环节采用实证主义案例研究范式。新兴技术创业企业在创业实践中逐渐形成了以技术创新为导向和以市场创新为导向两大类创业企业,在此基础上,根据业务开发方式不同将技术创新导向的新兴技术创业企业进一步细分为底层技术创新导向和应用方案创新导向两类新兴技术创业企业;而根据创新方式不同将市场创新导向的新兴技术创业企业划分为探索型市场创新导向与利用型市场创新导向两类新兴技术创业企业。因此,需要采用竞争性多案例研究设计,遵循复现逻辑和模式匹配的分析策略进行跨案例分析,最终形成可理论推广的研究结论。

第三节　研究对象界定与选择

一、研究对象类型界定

本研究的研究对象是新兴技术创业企业,然而在商业实践中新兴技术创业企业类型呈现出多样化的特征。因此,在筛选案例研究对象之前,需要结合研究问题,对新兴技术创业企业类型进行清晰界定,从而为开展理论抽样提供理论依据。

通过第二章对新兴技术创业内涵相关文献的梳理后发现,新兴技术创业是典型的创新驱动创业[11]。创新是创业过程中的一个重要的驱动力[244]。新的市场机会[245]和新的技术进步[246]催生了重要的创业机会。而本研究关注的是贯穿在新兴技术商业化进程中的新兴技术创业企业合法性获取策略问题。这一研究问题所基于的研究情境是新兴技术商业化。对于新兴技术创业企业而言，初始资源禀赋和创业机会警觉会影响其在新兴技术商业化过程中创新导向的选择。不同的创新导向会带来不同的新兴技术商业化路径，进而使得选择不同商业化路径的新兴技术创业企业所面对的合法性挑战和合法性关键听众及其所采取的合法性策略都将有所差异。因此，本研究将创新导向作为划分新兴技术创业企业类型的基本依据是与研究问题相匹配的。

Kuratko 等（2017）[10]将技术创业企业的创新导向按技术和市场的新颖性水平进行区分，其中，技术新颖性体现技术上的进步[247]，而市场新颖性则强调通过搭建一个新的产品—市场"舞台"，在这一舞台上为新产品或新服务培养客户[248]。并且，新兴技术是一种具有突破式新颖性和高度不确定性的技术，其创造性破坏的潜力能够推动现有市场革新或孕育一个新的市场[14]。因此，新兴技术具备突破性创新（breakthrough innovation）的典型特征[249]。而突破性创新又进一步被分成两种类型——基于技术的创新（即技术创新导向）和基于市场的创新（即市场创新导向）[247]。尽管两种类型的突破性创新都采用了新技术，但是技术创新导向是指通过从根本上改变技术轨道来提高现有市场中的客户收益的创新导向；而市场创新导向则是强调通过为新市场或新兴市场设计产品来破坏现有的客户偏好结构，从而满足新细分市场中的客户需求偏好[250]。由此可见，技术创新导向和市场创新导向二者之间存在本质的区别和明显的边界。

通过以上分析，本研究以创新导向作为新兴技术创业企业分类的基本依据，将其划分为技术创新导向和市场创新导向两大类新兴技术创业企业。

在此基础上，结合新兴技术创业实践的典型特征，提炼划分新兴技术创业企业类型的现实依据。新兴技术创业是将技术、需求、资源三者进行动态匹配的过程，并且这一匹配过程要嵌入到技术路径的形成过程中，需要创业者具有较高的机会警觉，并且富有创造性地识别技术机会和部署异质性资源。因此，由新兴技术创业企业"初始资源禀赋—创业机会警觉"构成的创业机会空间感知将影响其业务开发方式的选择。基于对新兴技术创业实践的观察和企业实地走访后发现，技术创新导向的新兴技术创业企业业务开发方式主要包括两类：一类是通过深耕底层技术创新提升核心产品（部件）性能，从而不断地开发出基于相同底层技术的不同层次的产品；另一类是以项目制形式在不同行业开展新兴技术商业化应用实践，通过技术融合创新，提供让项目方满意的综合解决方案。而市场创新导向的新兴技术创业企业业务开发方式也包括两类：一类是基于市场潜在机会的识别，为潜在市场机会寻找与之相匹配的资源，进而开发出面向新市场或市场新类属的产品，属于探索型市场创新实践；另一类是基于对自身资源的整合，寻找能够使其资源得到最大化利用的新兴市场，进而在新兴市场中推出改善性新产品，属于利用型市场创新实践。最终，本研究形成了两大类四小类的新兴技术创业企业类型界定，如下图 3-3 所示。

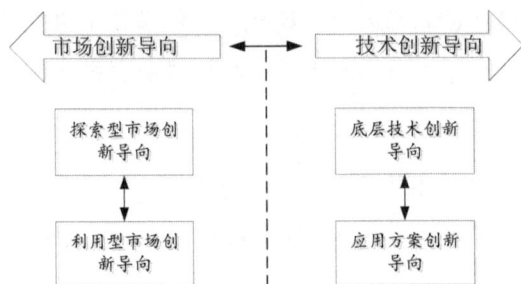

图 3-3　研究对象的类型划分

　　基于本研究界定的新兴技术创业企业类型，进一步确定了案例样本选择具体标准：

　　首先，技术创新导向的新兴技术创业企业指技术驱动型的技术创业企业，企业发展的核心在于通过不断地进行技术创新以积累并提升企业的核心竞争力。根据业务开发方式的不同，将技术创新导向的新兴技术创业企业细化为底层技术创新导向和应用方案创新导向两类。其中，底层技术创新导向的新兴技术创业企业侧重通过构建企业底层技术能力以实现技术性能的不断突破，从而推动新兴技术的商业化应用；而应用方案导向的新兴技术创业企业则强调深度介入到项目方的业务场景中，从不同项目中提炼业务场景的共性需求，通过对技术解决方案的不断迭代，使技术解决方案标准化、产品化，以实现在相似的业务场景中快速复制，从而建立企业的核心竞争力，推动新兴技术的商业化应用。

其次，市场创新导向的新兴技术创业企业是市场拉动型的技术创业企业。根据业务开发方式的不同，将市场创新导向的新兴技术创业企业细化为探索型市场创新导向和利用型市场创新导向两类。其中，探索型市场创新导向的新兴技术创业企业侧重对潜在市场机会的探索，并选择与之相匹配的技术，进行面向新市场或市场新类属的产品开发；而利用型市场创新导向的新兴技术创业企业则是从自身的资源禀赋出发，寻找能够将其资源禀赋最大化利用的市场机会，然后借助技术的手段开发出面向新市场或市场新类属的产品。

最后，本研究尽量避免因新兴技术不同带来的技术商业化过程的差异，确保在进行案例对比研究时能够实施逐项复制的分析方法。因此，本研究采用竞争性设计策略[233]，让两家技术创新导向的新兴技术创业企业从事同一种新兴技术商业化应用实践，而两家市场创新导向的新兴技术创业企业也从事同一种新兴技术商业化应用实践。

二、研究对象选择

由于新兴技术创业企业兼具新兴技术商业化情境特征和创业企业属性

特征。因此，在进行理论抽样选定研究对象时，需要分别从技术和企业两个层面考量。根据典型性原则，筛选出两种新兴技术——超宽带技术（Ultra Wide Band Technology，以下简称"UWB 技术"）和区块链技术，以及四家从事新兴技术商业化的创业企业。研究对象的具体情况如下：

（一）新兴技术

本研究根据理论抽样所遵循的典型性和可得性原则，结合新兴技术高度不确定性和创造性毁灭[12]的两个本质特征，选择了 UWB 技术和区块链技术。这两种新兴技术都是具有一定通用性的底层技术，并且技术自身仍处于快速发展中，其应用领域也在不断拓宽，都是在大力发展数字经济的背景下被国家列为重点扶持的新技术。具体情况如下：

1. 超宽带技术

UWB 技术是一种无线载波通信技术，因对信道衰落不敏感、发射信号功率谱密度低、截获率低、系统复杂度低、能提供数厘米的定位精度等优点，曾在 20 世纪 70 年代作为一种军用技术应用于雷达系统中。美国国防部在 1989 年首次使用了"超带宽"这一术语，由此开启了 UWB 技术在民用领域的应用探索。但是，UWB 技术在民用领域早期的商业化探索是短距离无线电通信领域，由于其实现成本高于同时期的无线通信技术（即 Wi-Fi 技术），所以并未得到大规模推广。直到 21 世纪，UWB 技术的商业化应用迎来转机。带来这一转机的原因是 UWB 技术的技术身份发生了转变，它不再作为一种短距离通信技术而是作为一种厘米级的高精度定位技术得到市场认可，随后各种 UWB 定位示范性系统相继被研发出来。2005 年初，UWB 技术被美国有线电视新闻网（即 CNN）评为 2004 年十大热门技术之一。我国于 2008 年发布 UWB 频谱规划，涵盖 UWB 信号的射频指标、应用场所限制、设备核准等内容。该规划的发布极大地促进了 UWB 技术在国内的推广和应用，因此也诞生了一大批围绕着 UWB 技术开展基础部件研发和应用解决方案的企业。现在 UWB 技术已成为一种在物联网领域得到广泛应用的重要底层技术。由此可见 UWB 技术具有鲜明的新兴技术的特征——突破式新颖性和高度不确定性，其应用场景还处于不断开发中，在某些领域已经进入主导设计竞争阶段（如人员、物资的室内高精度定位），但在某些领域还处在原型设计阶段（如 UWB 专用芯片、消费级产品的应用），不过其对经济社会带来变革的潜力已经显现。

2. 区块链技术

区块链技术也被称为分布式账本技术，是一种去中心化、不可篡改、可追溯、多方共同维护的分布式数据库技术[234]。随着 2008 年比特币的诞生，区块链技术进入到大众的视野。比特币作为区块链技术的首个成功应用，其去中心化的非主权货币的特质对世界各国现行的以国家作为唯一货币发行机构的主权货币体系造成了认知上的巨大冲击。随后，各类数字加密货币大量涌现，那些怀有投机心理的社会大众"炒币"热情一时间高涨，各路民间资本也纷纷入局为各类"炒币"和"挖矿"活动注入巨额资金，也因此滋生了诈骗、赌博、贩毒以及洗钱等犯罪活动。2013 年 12 月中国人民银行联合多部委联合印发《关于防范比特币风险的通知》明确了比特币的虚拟商品属性。自此比特币作为货币的合法性遭到重挫，加上公众将区块链技术直接等同于比特币的认知误区，导致区块链技术在国内其他领域的应用受到阻滞。直到 2016 年 10 月工业和信息化部信息化和软件服务业司发布了《中国区块链技术和应用发展白皮书（2016）》，从国家层面提出了区块链技术发展路线图以及未来区块链技术标准化方向和进程，区块链技术才在国内得到大力推广，并渗透到各行各业的应用场景中。由此可见，区块链技术作为一种新兴技术，其技术合法性始终在国家管制和社会认知的共同影响下增长或消减，导致以区块链技术商业化应用为主营业务的企业发展道路曲折。

因此，UWB 技术和区块链技术既符合新兴技术的典型特征，又都经历过技术合法性的动荡，这两种技术的商业化过程为研究新兴技术创业企业合法性获取策略及其形成机制提供了契合的研究情境。

（二）新兴技术创业企业

本研究遵循案例研究方法的理论抽样原则对研究对象进行筛选。从 2015 年至今，先后对 8 家新兴技术创业企业进行了跟踪调研，其中包括 2 家区块链技术公司、2 家人脸识别技术公司、2 家虚拟现实技术公司以及 2 家 UWB 技术公司。根据是否经历了新兴技术商业化全过程、所面对的合法性挑战及其关键听众是否具有代表性、数据可获得程度四个理论抽样的原则[222]，最终选定从创业之初至今一直致力于 UWB 技术商业化的 T-1 公司和 T-2 公司，以及基于区块链技术推出数字版权、数字藏品等新的产品品类的 M-1 公司和 M-2 公司。它们在技术创新导向和市场创新导向坐标系上的位置，如图 3-4 所示，基本具体情况如表 3-1 所示。

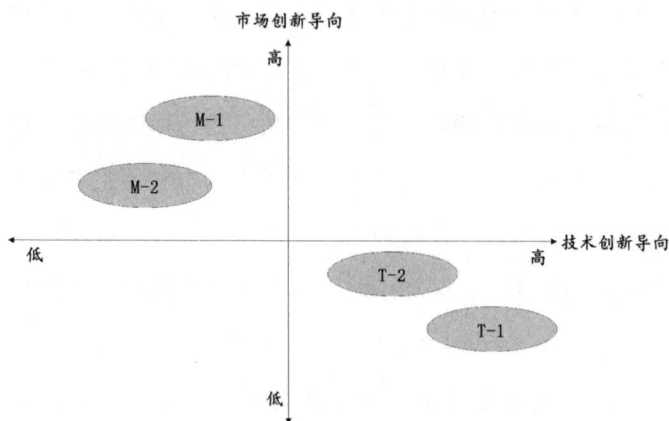

图3-4　四家案例企业在技术-市场导向坐标系的位置

＊资料来源：作者绘制。

表 3-1 四家新兴技术创业企业基本情况

企业	成立时间	性质	主营业务	企业类型
T-1 公司	2015.02	混合所有制企业	基于 UWB 技术的智能网联车自主泊车系统及硬件的研发与销售；UWB 室内定位模组的研发与销售	底层技术创新导向
T-2 公司	2014.05	民营企业	基于 UWB 技术的位置物联网解决方案提供商，服务行业涉及采矿业、制造业、服务业、医疗行业、交通运输业以及公安司法等	应用方案创新导向
M-1 公司	2014.04	民营企业	在知识产权保护、电子合同签约以及互联网公正等应用场景中开展基于区块链技术的电子数据固化存证及其衍生业务	探索型市场创新导向
M-2 公司	2019.09	国有控股企业	基于区块链技术，开展数字作品的线上审核、确权、分发与交易业务。	利用型市场创新导向

*图表来源：作者整理。

1. T-1 公司和 T-2 公司

技术创新导向的两家新兴技术创业企业分别是 T-1 公司和 T-2 公司，这两家公司都是从事超宽带技术商业化应用创业企业。两家企业的创始人及主要技术团队成员均来自国内电子通信领域顶尖高校的同一实验室，在校期间均参加过全国大学生电子设计竞赛并取得优异成绩，表明创业之前就有一定的商业化应用开发经验。T-1 公司创始人在博士毕业即将留校任教时响应国家鼓励高校教师在职创业的号召，并在学校的大力支持下创办了该企业。因此，T-1 公司是典型的大学衍生企业。而 T-2 公司的创始团队在就读硕士研究生期间就参与导师的产学合作项目，并得到了合作企业的认可，于是在硕士毕业前就得到了合作企业的天使投资，毕业后就直接创业。由此可见，虽然两位创始人都属于学术型创业者，但是他们在角色认知、技术能力、社会资本以及企业资源禀赋上的差异，导致两个企业在创业初期选择了不同的技术商业化路径。其中，T-1 公司侧重底层技术研发，本着"做事业不做生意"的经营理念和"科学家精神"，通过不断迭代 UWB 技术以提高定位精度，获得了国内大型汽车制造商的认可，并因此获得了战略投资人的青睐，聚焦智能网联车领域零配件的研发和生产，与此同时还将企业的技术能力转化成通用性的电子元器件销售给下游应用解决方案提供商。而 T-2 公司从创业之初就深入井下采矿作业场景，提供采矿人员的井下精准定位综合解决方案，后来基于相似场景的共性，提炼出基于场景的行业解决方案，快速在客户中推广开来，为企业带来了稳定的现金流的同时，其市场占有率位居同类 UWB 技术企业全国前三，获得合肥产业投资引导基金的投资。

由上述介绍可知，T-1 公司是底层技术创新导向的新兴技术创业企业的典型代表，而 T-2 公司则是应用方案创新导向的新兴技术创业企业的典型代表。不同的技术创新导向使它们选择了不同的技术商业化路径，导致了它们所处的创业情境的不同，面对的合法性听众与合法性挑战以及应对策略也存在一定的差异，符合对比案例筛选的极化类型原则[235]，有利于进行跨案例分析，揭示构念之间的关系，增加研究结果的严谨性和普适性。

2. M-1 公司和 M-2 公司

市场创新导向的两家新兴技术创业企业分别是 M-1 公司和 M-2 公司，这两家公司都是以区块链技术商业化应用为主营业务的企业。两家企业的创始人都有较为深厚的行业经验，以及对业务的底层运行逻辑的理解和未来发展趋势的判断。M-1 公司是一家民营企业，其成立的原因是创始人看到了在未来数字经济时代，经济和社会领域都会发生重大变革，数据将成为关键生产资料，那么数据安全领域将迎来机会窗口，于是在企业创立之初就确立了"电子数据证据化"的企业使命和主营业务。在进行了广泛市场调研后，M-1 公司的创始人选择了两个最有可能成为经济领域中最先开始出现电子数据证据化需求的业务领域（即数字版权和电子合同）进行探索，并根据业务属性为其匹配了区块链技术进行解决方案的开发。M-1 公司利用区块链结合自有发明专利，联合公证处、司法鉴定所、互联网法院、仲裁委、数字认证中心、版权机构共同组建保全链，围绕着"区块链+司法+行业应用"的市场拓展模式，构建了定位于不同市场的产品品牌体系。而 M-2 公司是成都音像出版社有限公司旗下的控股子公司，因而也是一家具有国资背景的公司创业企业。M-2 公司的创始人是一位具有信息技术教育背景、在传统音像领域有着丰富的运营经验的高层管理者。M-2 公司创立的目的就是为了响应国家大力推动区块链技术与应用场景有机结合并形成典型示范的号召，利用母公司在传统音像出版领域的资源优势，开拓基于区块链技术的数字版权运营业务，利用区块链技术开发了斑马中国数字版权产业服务平台，实现"从创意到交易"的数字版权产业闭环。

由上述介绍可知，M-1 公司是典型的探索型市场创新导向的新兴技术创业企业，而 M-2 公司则是典型的利用型市场创新导向的新兴技术创业企业。不同的市场创新方式使它们在开发市场机会时所面临的合法性挑战不同，面对的合法性听众以及应对策略也不同，同样符合对比案例筛选的极化类型原则[235]，有利于进行跨案例分析，为研究市场创新导向的新兴技术创业企业如何获取合法性提供严谨的论证支持。

第四节 数据收集策略

遵循 Glaser 和 Strauss（1967）[228]多种数据来源的建议，通过多个访谈者与多来源数据的"三角验证"对研究数据进行交叉验证[236]，避免了因一手资料带来的印象管理和回溯性释义问题[237]，减少了信息偏差，提高了研究的可靠性与效度。本研究涉及三种数据来源：

第一种来自对四家企业的高层决策团队以及市场团队、销售团队、项目团队和品牌团队的负责人及部分一线员工的半结构化访谈。此外，本研究还对部分投资人、战略合作伙伴、相关政府招商部门和监管部门工作人员以及相关行业协会成员进行了半结构化访谈，访谈基本信息见表3-2。

第二种来自两家企业的内部档案文件，包括企业情况介绍（主要指各类企业宣传文案）、年初规划及年末业绩总结（主要涉及技术研发和业务开展）、招股说明书、融资历程档案以及项目方案等。

第三种来自网络的公开资料，包括官方媒体对四家企业参加业界论坛或评选的报道，以及各类政府网站公布的国家在智能网联车、智能制造、工业物联网和产业数字化改造升级、推动区块链技术应用、数字版权和电子合同等领域的政策法规。

表3-2　四家新兴技术创业企业访谈对象基本信息汇总

企业	职务（人员编码）	次数	访谈时长（约）	转录稿字数（约）
T-1公司	董事长兼总经理（ZM1）	6	530分钟	13.3万字
	运营副总（ZM2）	2	210分钟	4.7万字
	技术副总（ZM3）	2	240分钟	4.2万字
	董事长秘书（ZM4）	2	130分钟	3.7万字
	销售经理（ZS1）	2	120分钟	2.3万字
	销售经理（ZS2）	1	60分钟	1.4万字
	项目经理（ZS3）	2	140分钟	2.1万字
	项目经理（ZS4）	1	70分钟	1.2万字
	投资人（ZI1）	1	45分钟	0.7万字
	投资人（ZI2）	1	50分钟	0.9万字
	政府招商人员（ZG1）	1	65分钟	1.8万字

续表

企业	职务（人员编码）	次数	访谈时长（约）	转录稿字数（约）
T-2公司	董事长兼总经理（SM1）	4	270分钟	6.4万字
	运营兼财务副总（SM2）	2	210分钟	3.1万字
	技术副总（SM3）	2	200分钟	3.3万字
	销售副总（SM4）	2	180分钟	2.9万字
	销售经理（SS1）	2	110分钟	2.1万字
	销售经理（SS2）	1	40分钟	0.7万字
	项目经理（SS3）	2	130分钟	2万字
	项目经理（SS4）	1	70分钟	1.2万字
M-1公司	董事长兼总经理（YM1）	5	496分钟	7.8万字
	产品总监（YM2）	3	240分钟	4.3万字
	技术总监（YM3）	2	170分钟	2.8万字
	品牌总监（YM4）	2	157分钟	2.9万字
	销售总监（YM5）	2	130分钟	2.5万字
	战略合作伙伴（YP1）	1	50分钟	0.8万字
	战略合作伙伴（YP2）	1	57分钟	0.75万字
	版权局工作人员（YG1）	1	50分钟	0.9万字
M-2公司	总经理（JM1）	3	247分钟	6.4万字
	运营总监（JM2）	2	148分钟	3.1万字
	技术总监（JM3）	2	125分钟	2.3万字
	品牌总监（JM4）	1	70分钟	1.2万字
	产品经理（JS1）	1	50分钟	0.75万字
	产品经理（JS2）	1	45分钟	0.7万字
	产品经理（JS3）	1	60分钟	0.95万字
共计		65	4905分钟	98.15万字

＊图表来源：作者整理。

本章小结

本章首先基于"前置因素—过程—结果"的分析逻辑，结合文献回顾和研究问题，构建了基于新兴技术创业企业合法性获取过程的研究框架，以便指导后面章节的研究设计和数据分析，以及与涌现出的新理论展开对话，进而明晰新理论的概念化边界。其次，立足于本研究的研究问题，结合案例研究方法和扎根理论两种研究方法的各自优势，给出了适用于本研究的研究方法编排。再次，基于理论抽样原则以及对比案例筛选的极化类型原则，阐述了研究对象与研究问题相匹配的理由。最后，介绍了本研究的数据收集策略。

第四章

新兴技术创业企业合法性听众

获取合法性是新企业合法化的目的，而新兴技术创业企业的合法化本质上是一个社会嵌入过程。在这个过程中，新兴技术创业企业需要向不同的利益相关者证明其行为的正当性、合理性以及可接受性。这些利益相关者构成了新兴技术创业企业的合法性听众。作为社会行动者的合法性听众受其所嵌入的不同制度逻辑的塑造而具有多重身份[118]。影响每一种组织身份形成的制度逻辑，是解释合法性听众在该身份下采取某一社会行动的深层原因。因此，本章旨在透过合法性听众的社会行动，识别其拥有的多重组织身份以及影响其社会行动的主导逻辑，从而找出每一种组织身份所对应的主导逻辑，为后续章节研究新兴技术创业企业合法化策略的形成机制奠定理论基础。

第一节　问题提出

因为新兴技术创业企业的合法性听众拥有多重组织身份，所以其在评判新兴技术创业企业是否具有合法性时，会采用不同制度逻辑下的评判标准。因此，在研究新兴技术创业企业合法化策略之前，要先辨明新兴技术创业企业合法性听众的主要类型及各自的组织身份与制度逻辑，才能为研究新兴技术创业企业如何利用合法性听众所秉持的不同制度逻辑制定相应的合法化策略奠定理论基础。由此提出本章的研究问题：（1）合法性听众有哪些，他们拥有哪些组织身份？（2）与合法性听众的每一种组织身份所对应的主导制度逻辑有哪些？基于对以上两个研究问题的回答，提出合法性获取策略的制度逻辑编排模型。

第二节　研究设计

本章将以四个案例企业在新兴技术商业化过程中所面对的合法性听众为研究对象，首先将案例数据与相关文献进行反复对话，确定了"合法性听众"、"组织身份"和"制度逻辑"三大主题；然后采用程序化扎根理论的编码方式[238]，从合法性听众的社会行动入手，按照"社会行动→组织身份"和"社会行动→制度逻辑"的分析逻辑，对合法性听众的身份和制度逻辑进行开放式编码，以期涌现出情境化的关键构念；最后将合法性听众的每一个组织身份都与其嵌入的主导制度逻辑进行匹配，提炼合法性获取策略的制度逻辑编排模型。

一、组织身份与制度逻辑对应关系研究框架

因为社会行动者和制度逻辑彼此间的相互作用塑造了社会行动[167]，所以本章研究从对合法性听众的社会行动分析入手，一方面识别出合法性听众的多重组织身份，另一方面辨析出合法性听众采取某一社会行动背后的制度逻辑，由此得到组织身份与制度逻辑间的对应关系。因此本章的研究框架如图4-1所示。

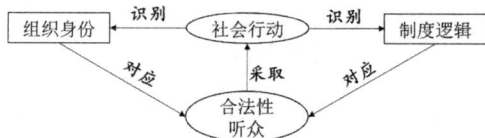

图4-1 合法性听众的组织身份与制度逻辑研究框架

二、研究样本

新兴技术创业企业在创业实践中逐渐形成了以技术创新为导向和以市场创新为导向的两大类创业企业，而技术创新导向的新兴技术创业企业因其业务开发方式聚焦的创新方向不同，又被分为底层技术创新导向和应用方案创新导向的创业企业；市场创新导向的新兴技术创业企业根据其创新方式的不同分为探索型市场创新导向和利用型市场创新导向的创业企业。因此，本研究扎根于商业实践现象，并根据典型性原则进行理论抽样（具体筛选标准见第三章 3.3.1），筛选了四家案例企业，其中两家从事 UWB 技术商业化的创业实践的企业——T-1 公司（底层技术创新导向）和 T-2 公司（应用方案创新导向）；另外两家从事区块链技术商业化创业实践的企业——M-1 公司（探索型市场创新导向）M-2 公司（利用型市场创新导向）。这四家企业代表了四类新兴技术创业企业，并且它们都经历了新兴技术商业化全过程，它们在新兴技术商业化各阶段所面对的合法性听众涵盖了大多数新兴技术创业企业所面对的合法性听众的类型。因此，研究样本能够为研究提供较为翔实、可信的数据支撑。

三、数据分析

本章采用程序化扎根理论的编码方式[238]将案例数据与相关文献进行反复对话，确定了"合法性听众""组织身份"和"制度逻辑"三大主题，随后展开分阶段和迭代式编码。为确保编码的可靠性，本研究综合运用了背靠背编码、专家挑战以及信息源回访三种策略，具体过程如下：

步骤一：通过开放式编码形成初始范畴。邀请同课题组的熟悉创业企业合法性研究主题的两位博士研究生一起参与编码工作。首先遍历全部原始数据，将涉及合法性听众、组织身份和制度逻辑三个研究主题相关的内容进行特征归纳，形成初始范畴。在编码人员背靠背完成开放式编码后，将编码得到的初始范畴与原始数据再次进行对比，对于部分存在解读歧义的编码，采用组内讨论和第三方评估两种方法消除分歧[239]。首先在组内阐述不同的编码结果的内涵及证据，在对比讨论后进行修正。如果当组内讨论无法达成一致，则将编码给不熟悉本研究的第三方学者进行评估，根据建议酌情修改，直至统一。为保证开放式编码过程中的分析信度，邀请两位新兴技术管理和创业管理研究领域的教授对上述讨论过程进行指导，以进一步提高分析结果的准确性和可靠性。

步骤二：通过解读、聚合初始范畴形成主范畴，完成主轴编码。通过将具有相同特征的初始范畴聚合成抽象化、理论化的主范畴。本研究坚持"让数据说话"的原则[240]以保证分析结果的客观性。为此，编码人员以波普尔的可证伪性原则为指引[241]，在分析初始范畴的同时，返回原始数据中不断尝试寻找反例，以挑战已有的分析结论。经过不断重复步骤一和步骤二，对形成的构念反复迭代，最终形成主范畴[242]。

步骤三：通过聚合主范畴形成核心范畴，并确定核心范畴之间的关系，完成选择性编码。

四、可靠性与效度

为保证研究过程的严谨性和研究结果的可信性，采取以下提升研究可靠性和效度的策略，具体见表4-1。

表4-1 实现可靠性和效度的研究策略（组织身份与制度逻辑）

指标	案例研究策略	应用阶段
可靠性	·编制案例研究计划，报告整个研究计划的实施过程	研究设计
	·建立案例研究数据库	数据收集
建构效度	·使用多数据来源，进行数据三角验证	数据收集
	·遵循数据获取、数据编码、概念提炼的数据分析过程	数据分析
	·关键信息提供者检查文稿，进行证据的确认、更正或补充	撰写报告
内在效度	·构建清晰的逻辑框架：组织身份←社会行动→制度逻辑	研究设计
	·进行模式匹配	数据分析
外在效度	·遵循复现逻辑进行跨案例研究	数据分析

＊图表来源：作者整理。

第三节 合法性听众的多重组织身份

首先，对四家新兴技术创业企业的合法性听众的组织身份进行开放式
编码，如表4-2所示。然后，对由开放式编码获得的初始范畴进行主轴编
码，获得合法性听众的类型及其各自的组织身份，如图4-2所示。

表4-2 合法性听众的组织身份开放式编码的部分示例

合法性听众行为 典型援引（原始数据）	组织身份 概念标签	组织身份 初始范畴
"评委里坐的都是来自中电54所、20所的专家，54所是电子信息领域的，20所是无线电导航、卫星导航领域的，都是国家顶尖的研究所。这些产业研究院的专家不仅懂技术原理，知道技术可不可行，而且大多都工程师，所以他们也懂应用、懂市场，能够预测一项技术的应用前景……还有一些投赛道的创业比赛，比如说物联网、自动驾驶领域的，下面坐的很多都是来自大企业的技术专家，像东风的副总工、四维的技术总监。"（ZM2）	产业研究院的技术专家	技术专家
	大企业的技术专家	

续表

合法性听众行为 典型援引（原始数据）	组织身份 概念标签	组织身份 初始范畴
"这些（物联网）产业专家……对产业未来的发展，会出现哪些新的需求，把握得还是比较准的，毕竟天天在这个行业里泡着。"（SM2）	产业专家	产业专家
"洪泰基金作为投资人也在（比赛）现场，他们就是看到54所、20所的所长都举牌了，他们也跟着举了牌。他们毕竟不懂技术，只看创业项目的有没有巨大的市场空间，能不能带来巨大的经济回报。"（ZM1）	天使投资人	天使投资人
"他（盛路通信的董事长）也觉得比较有前景，也在他们的产业链布局上，他也愿意投"。（ZM4） "我们的能力刚好匹配他们（四维图新）的战略，我们加入了，他们的产业布局就更加完整，而我们也能从他们那里获得很多产业资源，比如供应链上的、业务合作上的。"（ZM1）	战略投资人	战略投资人
"我们跟上汽的合作共同完成新场景的开发……上汽是极端认可我们的，在这么短的时间内交付了这么好的产品……给上汽做的项目成了标杆，名声一下就打开了，让我们有机会跟更多的汽车厂商谈（合作）。"（ZM1）	标杆项目、车企合作方	灯塔客户
"一般的客户还是最看重性价比。我们的客户大多来自制造业，这些企业日子也不好过，都想着怎么能降低点成本……我们是靠整体解决方案来争取一个更适合的价格，给客户提供最好的服务，让他们感到物超所值。"（SM1）	一般客户、制造业客户	一般客户
"像卡车的预测巡航知道前面有坡了，那么就告诉卡车司机现在赶紧加速，免得在坡上面加速更费油，在平路上把速度提起来，去冲这个坡，然后马上要到顶了，提前个几百米就收油，到顶的时候慢慢往下溜。就像这种方式，基于地图可以为汽车，不管是驾驶体验还是经济性等各方面提供一些上层服务。"（ZM3）	卡车司机（用户）	终端消费者
"当时上汽当觉得我们不具备生产质量体系，那就放到这家（盛路通信）来生产……对于这样的头部制造商，我们自己是很难谈下来的，一是要看订货量，太少了，人家不会做；二是要看生产排期，三是要看生产工艺的匹配度，四是要看能否长期合作，总之很多影响因素吧。……主要还是上汽给做了背书。"（ZM2）	头部制造商、生产资质	合规资质提供者

续表

合法性听众行为 典型援引（原始数据）	组织身份 概念标签	组织身份 初始范畴
"从去年（2019 年）九、十月份开始，我们跟千寻（室外定位服务商）做很多地下车库的业务，就是室内场景下，给汽车做高精度位置的服务。我们和千寻一起服务汽车厂以及我们服务千寻，千寻服务他的客户，他成为我们的总包，去做室内外一体化的项目。"（ZM2）	技术互补、业务合作方	互补性技术提供者
"我们跟那些做工业互联网平台的、跟做传统 ICT（信息通信技术）服务的，我们都跟他们去建立一些合作关系。主要还是利用他们的市场营销资源。而我们的平台能力刚好能嵌入到他们的平台生态中去。"（SM2）	市场资源、平台合作方	市场资源提供者
"'蜀信链'是四川省区块链行业协会管的，我们（M-1 公司）加入它的应用生态库，这本身就是对我们的认可。"（YM1）	行业协会	行业协会
"成立联盟就是为了更好地把（数字版权）产业链上下游的优质资源整合到一起。这件事是单独一个企业做不到的，只能以联盟的方式才能做起来，把大家聚到联盟里，才有可能形成资源共享的机制。只有大家的主要利益诉求都被照顾到，才能把这个联盟推行开来。"（JM1）	成员单位	联盟成员
"比如说医疗，我们现在做了卒中、胸痛、急救三中心。去年（2020 年）10 月，接触到这个需求，就是对病人和医护人员还有病床都进行无感定位……通过系统，每一扇门都会按设置好的程序打开，完全是无感的，肯定就会进一步提高抢救效率……医院也一直在做一些流程上的优化创新，他们愿意去尝试，但是有个前提，还是要低风险甚至无风险。"（SM2） "国家在推政务管理的数字化改造升级，他们（执法中心、监狱）自己也有这个需求，所以就去找一些新的解决方案。"（SM3）	医院、监狱执法中心	政府客户、改革推动者
"M-1 公司入选工信部评出的国家 2018 年工业互联网试点示范项目，全国范围内区块链项目仅此一家。还有，今年（2019年）网信办（国家互联网信息办公室）发布第一批境内区块链信息服务备案编号，就有 M-1 公司的保全链。"（YM1）	工信部、网信办	行业监管者

续表

合法性听众行为 典型援引（原始数据）	组织身份 概念标签	组织身份 初始范畴
"现在各地方的招商都是产业链招商，围绕某一产业来，都有自己大力发展的产业。"（ZM2） "我们每个区县都有自己重点发展的产业，都是市里统一给规划好的，一是避免相互之间抢企业，二是打造各区县的特色……引进一个产业里的大企业，就有带动效应，产业链上的其他企业也会跟着过来……产值利税还是最看重的，发展潜力也很重要，比如说那些技术实力很强的企业，刚好产业又处于上升期。"（ZG1）	政府招商	产业 促进者

＊图表来源：作者整理。

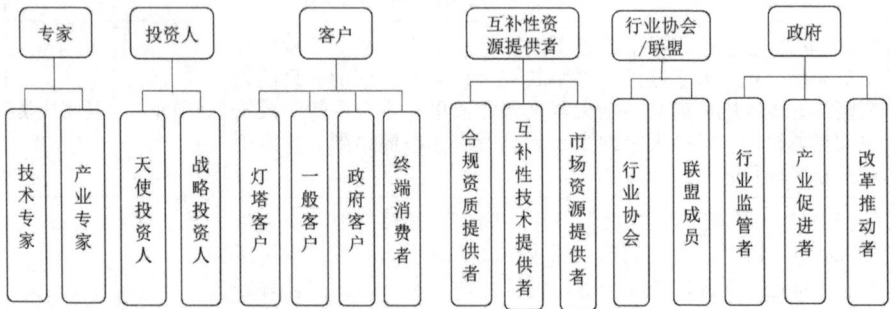

图4-2　合法性听众类型及其组织身份

＊图表来源：作者整理。

通过对四家企业的合法性听众进行扎根分析，从具体的新兴技术创业实践中涌现出六大类合法性听众，分别是专家、投资人、客户、互补性资源提供者、行业协会/联盟以及政府。其中，专家包括技术专家和产业专家两种组织身份，投资人包括天使投资人和战略投资人两种组织身份，客户包括灯塔客户、一般客户、政府客户以及终端消费者四种组织身份，互补性资源提供者包括合规资质提供者、互补性技术提供者和市场资源提供者三种组织身份，行业协会/联盟包括行业协会（集体身份）和联盟成员（个体身份）两种组织身份，以及政府包括行业监管者、产业促进者以及改革推动者三种组织身份。

第四节 合法性听众的制度逻辑

首先，对四家新兴技术创业企业的合法性听众嵌入的制度逻辑进行开放式编码，如表4-3所示。然后，对由开放式编码获得的初始范畴进行主轴编码，获得合法性听众所嵌入的制度逻辑，如图4-3所示。

表4-3 合法性听众的制度逻辑开放式编码的部分示例

合法性听众行为 典型援引（原始数据）	制度逻辑 概念标签	制度逻辑 初始范畴
"评委里坐的都是来自中电54所、20所的专家，54所是电子信息领域的，20所是无线电导航、卫星导航领域的，都是国家顶尖的研究所。这些产业研究院的专家不仅懂技术原理，知道技术可不可行，而且大多是工程师，所以他们也懂应用、懂市场，能够预测一项技术的应用前景……还有一些投赛道的创业比赛，比如说物联网、自动驾驶领域的，下面坐的很多都是来自大企业的技术专家，像东风的副总工、四维的技术总监。"（ZM2）	懂技术、技术可行性评估	评估技术的可行性
	懂市场、应用前景预测	预测技术的市场前景
"这些（物联网）产业专家……对产业未来的发展，会出现哪些新的需求，把握得还是比较准的，毕竟天天在这个行业里泡着。"（SM2）	产业发展趋势、产业新需求	预测产业发展新需求
"洪泰基金作为投资人也在（比赛）现场，他们就是看到54所、20所的所长都举牌了，他们也跟着举了牌。他们毕竟不懂技术，只看创业项目的有没有巨大的市场空间，能不能带来巨大的经济回报。"（ZM1）	市场空间、经济回报	看中市场利好性
"他（盛路通信的董事长）也觉得比较有前景，也在他们的产业链布局上，他也愿意投"。（ZM4） "我们的能力刚好匹配他们（四维图新）的战略，我们加入了，他们的产业布局就更加完整，而我们也能从他们那里获得很多产业资源，比如供应链上的、业务合作上的。"（ZM1）	能力匹配战略、产业布局	看中战略资源互补性

续表

合法性听众行为 典型援引（原始数据）	制度逻辑 概念标签	制度逻辑 初始范畴
"我们跟上汽的合作共同完成新场景的开发……上汽是极端认可我们的，在这么短的时间内交付了这么好的产品……给上汽做的项目成了标杆，名声一下就打开了，让我们有机会跟更多的汽车厂商谈（合作）。"（ZM1）	技术认可、新场景开发、标杆项目	看中技术创新能力
"一般的客户还是最看重性价比。我们的客户大多来自制造业，这些企业日子也不好过，都想着怎么能降低点成本……我们是靠整体解决方案来争取一个更适合的价格，给客户提供最好的服务，让他们感到物超所值。"（SM1）	性价比、降成本	看中性价比
"像卡车的预测巡航知道前面有坡了，那么就告诉卡车司机现在赶紧加速，免得在坡上面加速更费油，在平路上把速度提起来，去冲这个坡，然后马上要到顶了，提前个几百米就收油，到顶的时候慢慢往下溜。就像这种方式，基于地图可以为汽车，不管是驾驶体验还是经济性等各方面提供一些上层服务。"（ZM3）	消费体验、经济性	看中消费体验和经济性
"当时上汽当觉得我们不具备生产质量体系，那就放到这家（盛路通信）来生产……对于这样的头部制造商，我们自己是很难谈下来的，一是要看订货量，太少了，人家不会做；二是要看生产排期，三是要看生产工艺的匹配度，四是要看能否长期合作，总之很多影响因素吧。……主要还是上汽给做了背书。"（ZM2）	订单体量、工艺匹配度、长期合作、生产排期	自身利益诉求优先
"从去年（2019 年）九、十月份开始，我们跟千寻做很多地下车库的业务，就是室内场景下，给汽车做高精度位置的服务。我们和千寻一起服务汽车厂以及我们服务千寻，千寻服务他的客户，他成为我们的总包，去做室内外一体化的项目。"（ZM2）	技术互补	看中技术能力互补性
"我们跟那些做工业互联网平台的、跟做传统 ICT（信息通信技术）服务的，我们都跟他们去建立一些合作关系。主要还是利用他们的市场营销资源。而我们的平台能力刚好能嵌入到他们的平台生态中去。"（SM2）	能力嵌入	看中技术能力的获得性
"'蜀信链'是四川省区块链行业协会管的，我们（M-1 公司）加入它的应用生态库，这本身就是对我们的认可。"（YM1）	资质认可	看中专业资质
"成立联盟就是为了更好地把（数字版权）产业链上下游的优质资源整合到一起。这件事是单独一个企业做不到的，只能以联盟的方式才能做起来，把大家聚到联盟里，才有可能形成资源共享的机制。只有大家的主要利益诉求都被照顾到，才能把这个联盟推行开来。"（JM1）	资源整合、资源共享、共同诉求	看中互惠互利

续表

合法性听众行为 典型援引（原始数据）	制度逻辑 概念标签	制度逻辑 初始范畴
"比如说医疗，我们现在做了卒中、胸痛、急救三中心。去年（2020 年）10 月，接触到这个需求，就是对病人和医护人员还有病床都进行无感定位……通过系统，每一扇门都会按设置好的程序打开，完全是无感的，肯定就会进一步提高抢救效率……医院也一直在做一些流程上的优化创新，他们愿意去尝试，但是有个前提，还是要低风险甚至无风险。"（SM2） "国家在推政务管理的数字化改造升级，他们（执法中心、监狱）自己也有这个需求，所以就去找一些新的解决方案。"（SM3）	尝试创新、稳中创新	推动创新
"M-1 公司入选工信部评出的国家 2018 年工业互联网试点示范项目，全国范围内区块链项目仅此一家。还有，今年（2019年）网信办（国家互联网信息办公室）发布第一批境内区块链信息服务备案编号，就有 M-1 公司的保全链。"（YM1）	示范、登记备案	推动行业规范、有序发展
"现在各地方的招商都是产业链招商，围绕某一产业来，都有自己大力发展的产业。"（ZM2） "我们每个区县都有自己重点发展的产业，都是市里统一给规划好的，一是避免相互之间抢企业，二是打造各区县的特色……引进一个产业里的大企业，就有带动效应，产业链上的其他企业也会跟着过来……产值利税还是最看重的，发展潜力也很重要，比如说那些技术实力很强的企业，刚好产业又处于上升期。"（ZG1）	产业带动、产值利税	看中产业带动效应

*图表来源：作者整理。

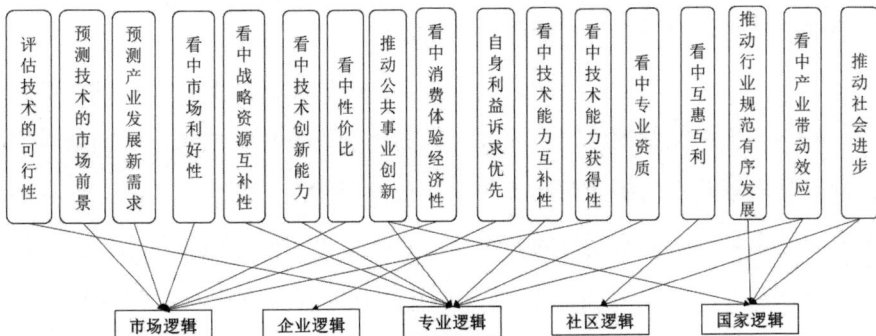

图 4-3 合法性听众嵌入的制度逻辑分析

*图表来源：作者整理。

通过对四家企业的合法性听众所嵌入的制度逻辑进行扎根分析，从具体的新兴技术创业实践中涌现出五大类制度逻辑分别是市场逻辑、企业逻辑、专业逻辑、社区逻辑以及国家逻辑。其中，市场逻辑强调经济效益、投资回报、竞争优势、性价比；企业逻辑强调企业自身的利益；专业逻辑强调在某一领域的专业性，看中由专业性带来的声誉、话语权以及机会和资源等；社区逻辑强调通过社区实践来增强社区集体和成员个体地位和荣誉以及互惠性的资源与机会；国家逻辑强调行政权威以及推动创新与改革。

第五节　合法性听众的多重组织身份与其制度逻辑的适配关系

通过上述分析发现，新兴技术创业企业合法性听众主要包括六类，分别是专家、投资人、客户、互补性资源提供者、行业协会/联盟以及政府。其中，专家、投资人和客户都遵循专业和市场的双重逻辑；互补性资源提供者主要遵循专业逻辑，同时也会受企业逻辑以及市场逻辑的影响；行业协会/联盟则受社区逻辑和专业逻辑的影响；政府主要遵循国家逻辑，同时也会受专业逻辑的影响，如图 4-4 所示。

为了更加深入地分析不同类型的新兴技术创业企业所面对的合法性听众差异性，根据复制的原则，通过跨案例比较后发现，两家技术创新导向的新兴技术创业企业所面对的合法性听众类型相同，而两家市场创新导向的新兴技术创业企业所面对的合法性听众类型也相同，但是技术创新导向和市场创新导向的新兴技术创业企业所面对的合法性听众类型却存在差异，如表 4-4 所示。

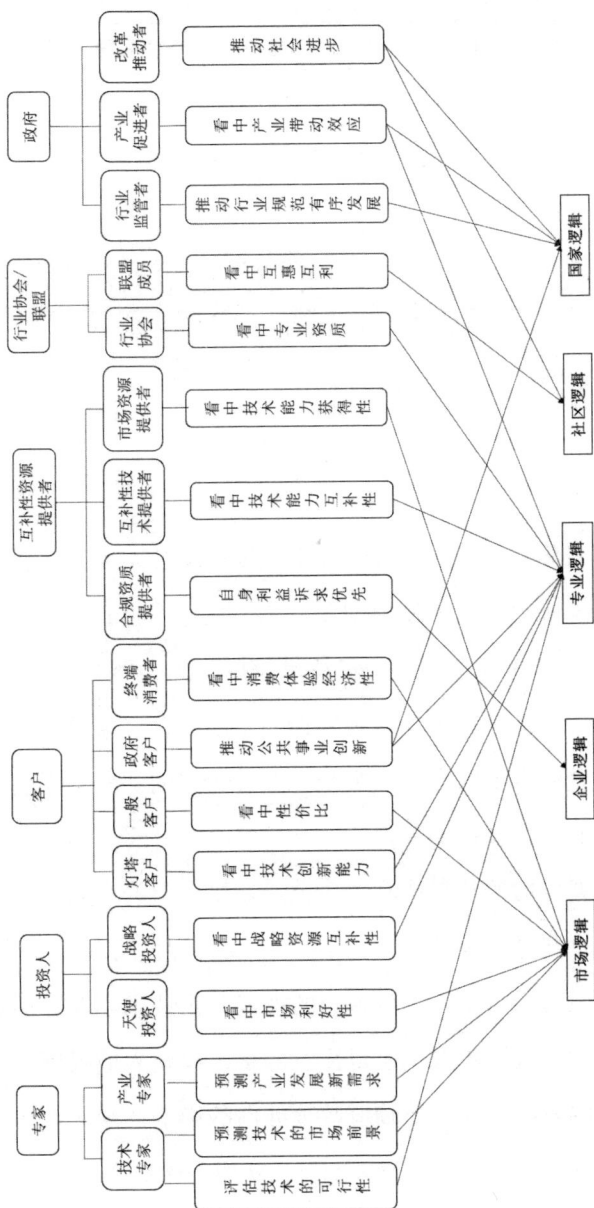

图4-4 组织身份与制度逻辑二者间对应关系

★图表来源：作者整理

表4-4 四家企业的合法性听众类型

	T-1 公司	T-2 公司	M-1 公司	M-2 公司
专家	√（1）	√（1）		
投资人	√（2）	√（1）		
客户	√（3）	√（2）	√（2）	√（1）
互补性资源提供者	√（3）	√（2）		
行业协会/联盟			√（1）	√（1）
政府	√（1）	√（1）	√（1）	√（1）

* 图表来源：作者整理。

注："√"表示出现过该类型的合法性听众；括号中的数字表示合法性听众组织身份的种类数。

首先，技术创新导向的新兴技术创业企业需要从技术属性和性能优势出发，通过寻找技术应用场景来发现创业机会。在这个过程中，受专业和市场双重制度逻辑影响的专家，既了解技术原理又能预测技术应用前景，因而能够对技术的可行性进行较为客观的评判。因此，专家是技术创新导向的新兴技术创业企业重要的合法性听众，并且专家的评判结果会影响投资人的投资决策和政府的扶持决策。

其次，技术创新导向的新兴技术创业企业需要大量的资金以支撑其完成技术的商业可行性孵化、示范性产品研发以及大规模市场验证。因此，遵循市场逻辑，同时也会受专业逻辑影响的投资人是技术创新导向的新兴技术创业企业重要的合法性听众。值得注意的是，投资人的投资决策除了会受来自专家意见的影响，还会受政府政策导向的影响。因为政府对某一产业的扶持代表着这一产业发展的重大利好，从而提振民间资本的信心。

第三，客户对于技术创新导和市场创新导向的新兴技术创业企业是同样重要的合法性听众。因为客户是评估一项新兴技术是否具有应用价值的试金石。只有得到了客户的认可，新兴技术创业企业才有可能持续地获得技术迭代的资源，验证技术在不同应用场景下的技术可行性。

第四，互补性资源提供者为技术创新导向的新兴技术创业企业提供市场资源、互补性技术，甚至是合法性背书，以支持其完成新兴技术的商业化过程。因此，互补性资源提供者是技术创新导向的新兴技术创业企业重要的合法性听众，其主要遵循专业逻辑，同时也会受企业逻辑以及市场逻辑的影响。

第五，行业协会/联盟是规范和促进行业良性发展的组织，它的出现代表着一个行业正在或已经形成。市场创新导向的新兴技术创业企业可以通过集体行动构建行业协会/联盟，进而凭借集体身份获取自身的合法性；也可以通过加入具有高合法性水平的行业协会/联盟，继而获得成员身份，建立起自身的合法性。因此，市场创新导向的新兴技术创业企业在通过新兴技术商业化创造新的市场类属时，行业协会/联盟是其重要的合法性听众。行业协会/联盟遵循社区和专业双重制度逻辑的影响。

最后，在社会主义市场经济体制下，政府履行对国民经济进行全局性规划、协调、服务、监督的职责与功能[243]。因此，政府会通过政府补贴、税收优惠、政府采购以及政府产业基金投资等方式鼓励技术创新和产业发展，同时，政府还会监督市场经济的运行，规范企业行为。因此，政府是技术创新导向和市场创新导向的新兴技术创业企业重要的合法性听众。政府主要遵循国家逻辑同时还会受专业逻辑的影响。

由上述分析提出合法性策略的制度逻辑编排模型，如图4-5所示：不同的合法性听众因其具有的组织身份不同，塑造其身份的主导逻辑也因此不同。作为社会行动者的新兴技术创业企业可以通过识别合法性听众的不同组织身份来找到利于其获取合法性的制度逻辑，并对相应的制度逻辑进行合理编排，从而制定出有效的合法性获取策略。

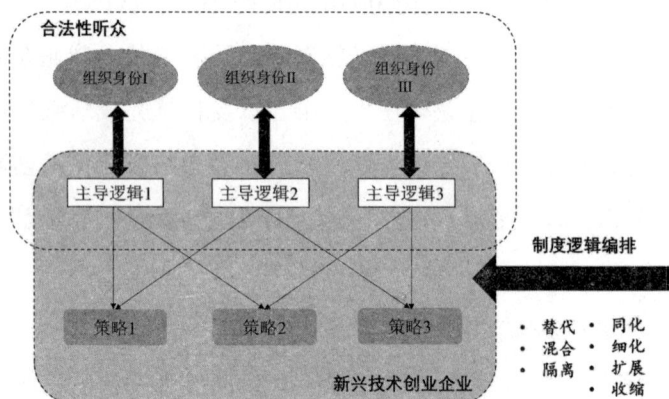

图 4-5 合法性获取策略的制度逻辑编排模型

＊图表来源：作者整理。

本章小结

本章基于新兴技术创业情境，从新兴技术创业企业合法性听众的社会行动入手，运用扎根理论的分析方法对合法性听众的组织身份和其行动背后的制度逻辑进行辨析，归纳出六类不同的合法性听众，并厘清每一类合法性听众的组织身份与其所嵌入的制度逻辑间的对应关系。在此基础上，按照复制原则，运用多案例研究方法，对不同类型的新兴技术创业企业所面对的主要合法性听众进行识别后发现，技术创新导向的新兴技术创业主要面对的合法性听众有专家、投资人、客户和互补性资源提供者以及政府；而市场创新导向的新兴技术创业企业主要面对的合法性听众包括客户、政府以及行业协会/联盟。最后，提出了合法性获取策略的制度逻辑编排模型，为第五、六章研究新兴技术创业企业合法性获取策略的形成机制奠定理论基础。

第五章

技术创新导向新兴技术创业
企业合法性获取策略

本章将以通过理论抽样筛选出的底层技术创新导向和应用方案创新导向的两家新兴技术创业企业为案例研究对象，辨析技术创新导向的新兴技术创业企业在新兴技术商业化过程中的每一个阶段，为克服"双重新进入缺陷"所面临的不同类型的合法性挑战，以及为了应对合法性挑战，争取合法性关键听众的认可与支持，所采取的一系列合法性获取策略。在此基础上，根据第四章提出的合法性获取策略的制度逻辑编排模型，揭示每一种合法性获取策略的形成机制。

第一节　问题提出

新兴技术创业是围绕着新兴技术商业化而展开的一系列创业实践。由于新兴技术创业企业缺少必要的经营业绩记录，加之新兴技术创造性毁灭和高度不确定性的特质，使得外部资源所有者很难基于商业体系的评价基础做出投资决策[4]。这时，新兴技术创业企业就需要使自身合法化，从而增强外部资源所有者的信心，以获得新兴技术商业化所需的外部资源。值得注意的是，新兴技术创业企业的合法化过程是嵌入到其商业化过程中的，尤其对以技术创新为导向的新兴技术创业企业来说，一方面要完成技术的商业化应用，另一方面要继续推动技术的演进。

因此，要打开以技术创新为导向的新兴技术创业企业合法性获取过程的黑箱，首先要厘清以底层技术创新为导向和以应用方案创新为导向的新兴技术创业企业在不同的新兴技术商业化阶段，要面对哪些合法性挑战？合法性关键听众是谁？需要采取何种合法性获取策略？以及每一种合法性获取策略的形成机制是什么？

第二节　研究设计

首先，采用诠释主义案例研究范式，分别对底层技术创新导向和应用方案创新导向这两类不同技术创新导向的新兴技术创业企业合法性获取过程进行分析，通过对典型案例的案例内研究，涌现出相应的合法性获取策略。然后，采用实证主义案例研究范式进行跨案例对比研究，从而获得能够在一定范围内推广的适用于技术创新导向的新兴技术创业企业的合法性获取策略以及策略形成机制。

一、研究样本

本章研究根据是否经历了新兴技术商业化全过程、所面对的合法性挑战及其合法性关键听众是否具有代表性、两个案例是否属于极化类型（即具备鲜明的底层技术创新导向或应用方案创新导向的特点），以及数据可获得程度等4项标准进行理论抽样，选择T-1公司和T-2公司作为研究样本。T-1公司和T-2公司都属于学术创业企业，且都在从事UWB技术商业化的创业实践，也都经历了商业可行性孵化、示范性产品研发以及示范性产品市场验证这三个完整的技术商业化阶段。但是，它们选择了不同的技术商业化路径，所以在每个阶段所面临的合法性挑战存在差异。因此，两家企业是较为理想的、用作对比研究的样本。两家企业的基本信息，如表5-1所示。

表5-1 技术创新导向的两家新兴技术创业企业基本情况

企业	成立时间	性质	主营业务	技术创新导向
T-1公司	2015.02	混合所有制企业	基于UWB技术的智能网联车自主泊车系统及硬件的研发与销售；UWB室内定位模组的研发与销售。	围绕部件性能提升的底层技术创新。
T-2公司	2014.05	民营企业	基于UWB技术的位置物联网解决方案提供商，服务行业涉及采矿业、制造业、服务业、医疗行业、交通运输业以及公安司法等。	围绕行业应用方案的技术融合创新。

＊图表来源：作者整理。

二、数据分析

本章采用程序化扎根理论的编码方式[238]将案例数据与相关文献进行反复对话，确定了"合法性挑战""合法性关键听众"和"合法性获取策略"三大主题，随后展开分阶段和迭代式编码。为确保编码的可靠性，本研究综合运用了背靠背编码、专家挑战以及信息源回访三种策略，具体过程如下：

步骤一：通过开放式编码形成初始范畴。首先遍历全部原始数据，将涉及合法性挑战、合法性关键听众和合法性获取策略三个研究主题相关的内容进行特征归纳，形成初始范畴。在编码人员背靠背完成开放式编码后，将编码得到的初始范畴与原始数据再次进行对比，对于部分存在解读歧义的编码，采用组内讨论和第三方评估两种方法消除分歧[239]。首先在组内阐述不同的编码结果的内涵及证据，在对比讨论后进行修正。如果当组内讨论无法达成一致，则将编码给不熟悉本研究的第三方学者进行评估，根据建议酌情修改，直至统一。

步骤二：通过解读、聚合初始范畴形成主范畴，完成主轴编码。通过将具有相同特征的初始范畴（即副范畴）聚合成抽象化、理论化的主范畴。本研究坚持"让数据说话"的原则[240]以保证分析结果的客观性。为此，编码人员以波普尔的可证伪性原则为指引[241]，在分析初始范畴的同时，返回原始数据中不断尝试寻找反例，以挑战已有的分析结论。经过不断重复步骤一和步骤二，对形成的构念反复迭代，最终形成主范畴[242]。

步骤三：通过聚合主范畴形成核心范畴，并确定核心范畴之间的关系，完成选择性编码。

除上述编码过程中的策略，为了进一步提高分析结果的准确性、可靠性，本研究进一步采用了信息源回访和专家挑战两种方法。首先，在形成初步模型后，研究团队再次来到案例企业进行阶段性研究结果交流，邀请曾经的受访者对模型和其中构念进行评估，以确认相关构念是否准确反映了企业实践。然后，邀请两位从事新兴技术管理和创业管理研究的教授以及 3 名工商管理专业的博士研究生对模型及构念进行讨论，验证模型合理性的同时对其潜在理论贡献进行探讨。

三、可靠性与效度

为保证研究过程的严谨性和研究结果的可信性，采取以下提升研究可靠性和效度的策略，具体见表 5-2。

表 5-2　实现可靠性和效度的研究策略

指标	案例研究策略	应用阶段
可靠性	·编制案例研究计划，报告整个研究计划的实施过程	研究设计
	·建立案例研究数据库	数据收集

续表

指标	案例研究策略	应用阶段
建构效度	·使用多数据来源，进行数据三角验证	数据收集
	·遵循数据获取、数据编码、构念提炼、模型建构的数据分析过程	数据分析
	·关键信息提供者检查文稿，进行证据的确认、更正或补充	撰写报告
内在效度	·构建清晰的逻辑框架：合法性挑战→合法性获取策略→合法化结果	研究设计
	·进行模式匹配	数据分析
	·通过竞争性案例设计以寻找竞争性解释	结论讨论
外在效度	·遵循复现逻辑进行跨案例研究	数据分析
	·归纳理论模型	结论讨论

＊图表来源：作者整理。

第三节　案例描述

一、T-1公司

T-1公司创始人（董事长兼总经理）曾是电子科技大学（国内电子信息通信领域顶尖高校之一）和美国杜克大学联合培养的博士，毕业后留校任教。执教当年，一是为了响应国家鼓励高校教师在职创业的政策，二是为了实现将多年所学回馈社会的愿望，他带领创业团队参加国内信息与通信技术（以下简称"ICT"）领域的创新大赛，凭借"鹰眼定位系统"展现了其团队全栈ICT技术能力，获得业内技术专家和国内天使投资机构的认可。2015年，随着第一笔天使投资（洪泰启航创业基金156万元人民币投资款）的注入，T-1公司正式注册成立，开启了它的UWB技术商业化的创业历程。根据新技术商业化的阶段性特征[245]，将T-1公司的创业历程划分为三个阶段：

第一阶段（2014—2017 年）——商业可行性孵化阶段。在这一阶段，由于参加创业比赛获得了行业专家的认可和引荐，加之电子科技大学的行业影响力和其对教师创业的扶持，T-1 公司很快就获得了商业项目合作的机会。为了寻找有刚性需求的 UWB 技术应用场景，挖掘其商业化价值，T-1 公司选择与不同行业的企业合作，合作形式包括项目合作以及技术作价交叉持股的战略合作，通过借助合作方在某一行业多年来积累的行业经验与渠道资源，快速启动 UWB 技术在某一行业的商业化应用孵化。凭借这一模式，T-1 公司在创业的前三年完成了在 VR 互动游戏和监狱犯人监管两个应用领域的产品研发。尤其是 VR 互动游戏领域的产品性能已经达到 100 平方米室内 20 厘米高精度定位的指标，这使得 T-1 公司的技术能力得到进一步提升，也使得 UWB 技术在室内高精度定位场景中的技术优势得到充分体现。然而，受限于配套硬件设备（例如：头显设备尚未达到预期的用户体验且价格昂贵）的技术瓶颈突破乏力、VR 游戏内容类型较为单一以及用户使用习惯尚未培育等诸多不利因素的综合影响，国内 VR 游戏行业在 2017 年遭遇"寒流"，投资机构纷纷"退场"。T-1 公司在 VR 游戏行业的合作企业受行业下行压力的冲击，生存艰难，进而导致 T-1 公司在 VR 游戏领域的营收萎缩。而此时，尽管国内监狱行业数字化改革稳步推进，但监狱行业市场规模有限，并且在这个行业拓展业务看中社会资源的背书，这对于一个创业企业来说，是一个很大的桎梏。因此，T-1 公司仍需要为 UWB 技术寻找新的商业应用场景。此时的 T-1 公司对于应用场景的选择已经拥有了自己的标准，一是，用户需求具有刚性；二是，如果是存量市场，需要市场规模庞大；如果是增量市场，需要市场增速迅猛。鉴于此，T-1 公司一边主动寻找新的 UWB 技术商业化机会，一边继续沉淀自身的技术能力。

第二阶段（2017—2020 年）——示范性产品研发阶段。2017 年底，T-1 公司参与了上汽荣威 EP21H 车型自主代客泊车 UWB 方案全球供应商测试。由于此前在 VR 互动游戏领域积累的技术能力，使其仅历时 6 个月，就完成了从工程样车的样件测试到上汽荣威 EP21H 车型潜在供应商审核的全部流程，最终成功中标并成为上汽荣威 EP21H 车型的自主代客泊车 UWB 方案的单一供应商。在随后的 6 个月里，T-1 公司完成了自主代客泊车 UWB 方案硬件设备和软件系统的研发，顺利通过量产前的评审。自此，T-1 公司正式进入智能网联车领域，并参与了多款上海汽车集团（以下简称"上汽"）旗下的智能车型（包含乘用车与商用车）的制造。与上汽的合作，使得 T-1 公司在室内自主泊车应用场景中的技术能力和产品能力迅速提升。T-1 公司以这些产品作为智能网联车领域的示范性产品，陆续展开与其他车企的合作。在 2018 到 2019 年间，T-1 公司的营收主要来自像监狱数字化升级改造这类人员室内定位项目，以及向汽车制造商提供室内自主泊车硬件设备和软件系统。2020 年，T-1 公司在智能网联车行业的产品表现引起了国内导航地图大型提供商——北京四维图新科技股份有限公司（以下称"四维图新"）的关注。从最初来自四维图新的业务合作到后来的战略投资，都使 T-1 公司迅速获得了智能网联车行业的互补性资源，继而从室内自主泊车 UWB 解决方案提供商转型成为智能网联车行业室内室外全场景定位技术方案及产品提供商。为了更好地完成企业的战略转型，T-1 公司在 2020 年上半年利用国内车企因新冠疫情首次在国内暴发造成大面积停工停产期间，集中企业内部研发资源将其在监狱行业多年来积累的技术能力和产品能力转化为室内人员定位模组，从而转移到产业链上游，为曾经的竞争对手提供定位模组原件，既保证了以前的研发投入能为其带来持续的收入，又能使其日后将主要的内部资源集中到智能网联车的配件产品研发上。

第三阶段（2020年——）——大规模市场验证阶段。从2020年至今，T-1公司在智能网联车行业开展大规模市场验证，为众多车企提供自主泊车解决方案和产品，并参与起草《自主代客泊车地图与定位技术要求》。该技术要求经国家相关部门批准，现已成为行业标准。截至目前，T-1公司累计完成五轮融资，融资总金额共计1亿多元人民币，拥有85项发明专利、4项实用新型专利以及5项外观设计专利。T-1公司各阶段标志性事件如表5-3所示。

表5-3　T-1公司UWB技术商业化各阶段标志性事件

	第一阶段 商业可行性孵化（2014.07-2017.10）	第二阶段 示范性产品研发（2017.11-2020.06）	第三阶段 大规模市场验证（2020.07至今）
标志性事件	1. 2014.07-11参加中国电科熠星创新创意大赛获得510万元投资意向，位列天使投资额度第一名； 2. 2015.05完成天使轮融资156万元； 3. 2016.09.30河北定州监狱交付第一个电子监狱试点项目； 4. 2016.10.15浙江上虞交付验收国内第一个1000m²的十人互动对战虚拟现实场馆	1. 2017.11-2018.04完成上汽自主泊车方案的标准操作程序全流程，同年上汽荣威EP21H上市； 2. 2019.02.28搭载自主泊车方案的上汽大通SV51上市； 3. 2019.12搭载自主泊车方案的上汽洋山港智能重卡量产车型上市； 4. 2018.07完成A轮融资3300万元	1. 2019.10开始联合千寻科技共同研发自动驾驶全场景定位设备，并在各大汽车制造商中推广； 2. 2020.09.29完成B轮融资4500万元

＊图表来源：作者整理。

二、T-2公司

T-2公司的创始人（执行董事兼总经理）毕业于电子科技大学，在他就读硕士研究生期间，经常参与校企合作项目的技术攻关，会与来自不同行业的项目方深度接触，这为他日后选择技术创业，以及选择走应用方案创新的技术商业化道路埋下了伏笔。其中，一位在采矿行业拥有丰富关系资源的校友为寻求在矿井巷道进行人员定位的解决方案，找到他所在的科研团队，并且希望以市场运作的方式——成立企业，进行采矿行业井下人员定位解决方案的开发与市场推广。于是，双方于 2014 年 5 月正式注册公司，推动 UWB 技术在采矿行业的商业应用。由于 T-2 公司的主营业务是围绕着不同项目展开，所以企业面临的资金压力较小，同时因为项目方的需求通常较为明确，节省了开发所用的时间和经济成本，但是也暴露出两大主要的弊端，一是项目的可持续性差，需要企业不停地拓展市场；二是受行业周期影响大，必须布局多个行业，以抵御外生风险。因此，从 2017 年开始，T-2 公司开始转向工业物联网领域的探索，启动位置物联整体解决方案产品矩阵的研发。根据 T-2 公司在 UWB 技术商业化过程中的业务战略调整，将其创业历程划分为三个阶段：

第一阶段（2014—2017 年）——项目场景化阶段。在这一阶段，T-2 公司深入采矿行业，顺应国家对煤矿井下安全避险"六大系统"（监测监控、人员定位、紧急避险、压风自救、供水施救和通信联络）升级改造的政策要求，通过不同项目经验的积累，完成从对矿井巷道内人员的实时动态精准定位的实现到基于位置信息的井下巷道安全生产作业场景的提炼，得到采矿行业头部企业的认可。但是，从 2016 年初，国务院和发改委等相关部委陆续出台煤炭行业去产能政策，仅 2016 年一年就有 1000 余家煤矿企业退出市场。行业环境的变化迫使 T-2 公司重新梳理业务战略，决定将采矿行业的井下巷道安全生产作业场景拓展到有相似场景的其他行业中，提供基于位置信息的工业安全生产解决方案。

第二阶段（2017—2020 年）——场景产品化阶段。在这一阶段，T-2 公司陆续提炼了包括公路/铁路隧道施工、危化品安全生产、电厂/变电站安全生产、智慧工厂、仓储物流自动化调度、智慧工地、办案中心执法、医院/养老机构看护、展馆/展厅安保、数字机房巡检、地铁/管廊巡检以及智能机场在内的 12 大类应用场景，并通过基于场景的解决方案标准化输出，打造不同场景下的方案类产品。

第三阶段（2021 年至今）——产品平台化阶段。在这一阶段，T-2 公司将多年来沉淀的技术能力和产品能力进行整合，推出了 Ecloud 恒迹云专业化位置物联网平台。该平台以位置感知连接和 aPaaS 服务平台为基础，通过提供行业定制化产品和标准化产品，实现从硬件设备到软件系统再到算法的一站式位置服务。截至目前，T-2 公司拥有 62 项发明专利、12 项实用新型专利以及 13 项外观设计专利。T-2 公司各阶段标志性事件如表 5-4 所示。

表 5-4　T-2 公司 UWB 技术商业化各阶段标志性事件

	第一阶段 项目场景化（2014–2017）	第二阶段 场景产品化（2017–2020）	第三阶段 产品平台化（2021 至今）
标志性事件	1. 2014 年 完成矿井无线电人员定位及通信系统开发； 2. 2016 年 实现基于 UWB 技术的厘米级高精度定位； 3. 2015-2016 年 在采矿行业推广高精度定位解决方案，拥有紫金矿业、神华集团等灯塔客户。	1. 2017 年 启动位置物联整体解决方案产品矩阵研发； 2. 2018 年 推出工业场景位置物联解决方案； 3. 2017-2020 年 在智能制造、工业安全、公检司法以及智慧城市四大领域拓展基于位置信息的生产/运维管理系统，开发出中国商飞、一汽大众、京东方、福耀集团等大批灯塔客户。 3. 2019 年 获得合肥市天使投资基金千万级天使轮投资，成立合肥四相至新科技有限公司； 4. 2020 年 获得合肥市天使投资基金追加天使轮投资。	1. 2020-2021 年 恒迹云 UWB 定位应用平台上线； 2. 2020-2021 年 "BLE-Zigbee-UWB" 多模平台研制完成； 3. 2021 年 完成千万级 A 轮融资。

＊图表来源：作者整理。

第四节　技术创新导向的新兴技术创业企业合法化过程

一、底层技术创新导向的新兴技术创业企业合法化过程

（一）商业可行性孵化阶段

1. 合法性挑战

在商业可行性孵化阶段，T-1 公司主要面对的是来自 UWB 技术自身的合法性挑战，包含三个方面：一是技术的规制合法性挑战，主要来自竞争性技术压力，即相较于其他的室内定位技术或技术综合解决方案，UWB技术的性能优势是否具有突破性和/或其技术实现路径是否具有颠覆性；二是技术的实用合法性挑战，主要指 UWB 技术是否具有商业化潜力，即UWB 技术是否在大多数有室内定位需求（包括定位对象、空间范围和定位精度等）的场景中都能有较好的性能表现；三是技术的认知合法性挑战，主要指 UWB 技术的公众认知度，既包括业界专家，也包括一般消费者。

2. 合法性关键听众

在商业可行性孵化阶段，新兴技术的突破式新颖性和高度不确定性让其蒙上了一层神秘"面纱"，而最有可能揭开这层面纱的人则是横跨科研界和产业界的专家，因为他们具备既能理解底层技术原理又能预测商业可行性的素质。并且，业界专家对技术合法性的评判会影响其他合法性听众（例如：潜在客户和天使投资人）对技术合法性的态度。此外，天使投资人也是新兴技术创业企业在商业可行性孵化阶段一类重要的合法性关键听众。他们具有高风险偏好，看重能够产生超额经济回报的投资机会，并且

对新兴市场的商业机会保持敏锐的投资警觉，因此能够较早地进入某一新兴行业进行投资布局。

3. 合法性获取策略

为了应对商业可行性孵化阶段的技术合法性挑战，T-1 公司采取了两种合法化策略：一是改变公众对技术的感知，即突出 UWB 技术相较于 Wi-Fi、蓝牙等竞争性技术，在卫星信号无法覆盖、空间中有遮挡、定位对象连续移动以及高精度等室内定位场景中的性能优势，弱化其在短距离通信应用上相较于 Wi-Fi、蓝牙等竞争性技术的成本劣势，从而获得技术专家对其在室内复杂环境的定位应用中所展现的技术性能优势和商业化应用潜力的认可，提升了 UWB 技术的规制、实用和认知合法性；二是利用资源杠杆，包括创始人的大学教师与创业者的双重社会身份、电子科技大学在 ICT 领域的学校声誉、校友资源以及中国电子科技集团公司技术专家背书等，获得天使投资人以及潜在客户对 UWB 技术商业化潜力的认可，提升了 UWB 技术的认知合法性；同时还利用技术杠杆，通过技术作价交叉持股的方式与一家 VR 游戏公司开展战略合作，成功引起这家 VR 游戏公司股东的关注，使其为 T-1 公司注入了一笔投资款，提升了 UWB 技术的实用合法性。

T-1 公司在商业可行性孵化阶段合法化过程的开放式和主轴编码如表 5-5、5-6 所示：

表 5-5 对商业可行性孵化阶段的 T-1 公司合法化过程的开放式编码部分示例

典型援引（原始数据）	概念	初始范畴
"Wi-Fi、蓝牙，能够实现室内定位功能的技术多了去……判断 UWB 究竟在什么场景下能够跟激光雷达和视觉，这一类好像也在给出定位信息的传感器或者技术流派，能够有差异化的优势"。（ZM3）	竞争性技术压力	技术的规制合法性挑战

续表

典型援引（原始数据）	概念	初始范畴
"UWB 就是一个很底层的技术。最开始的时候，只能是每一个可能的方向都去试一下，做出不同场景下的概念产品，去展示这个技术有哪些价值点。"（ZM1）	技术商业化潜力	技术的实用合法性挑战
"UWB 被用作高精度室内定位以前，一直以来都是把它看成是一种短距离通信技术。摩托罗拉在 2001、2002 年推的 IEEE 802.15.3a 协议，做了很多关于 UWB 在近距离通信、高速通信上面的提案……过了两年就在个人数字域的短距离通信，包括蓝牙、Wi-Fi 都属于个人数字域的通信技术……本来 Wi-Fi 就能够非常方便地连接，并且速度更快，那么 UWB 的优势就不见了。"（ZM3）	技术认知度	技术的认知合法性挑战
"中电 54 所、20 所对我们技术的认可以及各种支持，对我们非常非常重要。"（ZM1）	产业研究院的技术专家	技术专家
"不管是创业比赛、专业的技术论坛，还是融资路演，只要是能有一个展示的机会，我们就去展示这样一个底层技术。因为下面坐的这些人里面，肯定有在关注室内定位技术的企业。很多大公司的技术专家都会关注。那他们就是我们的潜在客户"（ZM2）	大企业的技术专家	技术专家
"洪泰基金作为投资人也在（比赛）现场，他们就是看到 54 所、20 所的所长都举牌了，他们也跟着举了牌。"（ZM1）	天使投资人	天使投资人
"UWB 技术可以用在定位上，能够建立起三维空间+时间+人员的五维数据体系。而且它抗遮挡，对移动的人员也能做到厘米级的高精度定位。"（ZM3）	改变感知	改变感知
"我们是学校推荐去参加比赛的队伍，学校本身就在给我们做背书"。（ZM1）	利用社会资源提升技术合法性	资源杠杆
"我们是技术入股惊梦互动，惊梦拿出了很大的诚意。也正是我们跟惊梦的深度合作，才吸引了金亚关注到我们。金亚是惊梦的股东嘛，惊梦认可了我们的技术，金亚就很自然地也认可了我们的技术，并给了我们在种子期那样大的一笔投资。"（ZM4）	利用技术资源提升技术合法性	技术杠杆

＊图表来源：作者整理。

表5-6　对商业可行性孵化阶段的T-1公司合法化过程的主轴编码

副范畴	主范畴	构念内涵
技术的规制合法性挑战 技术的实用合法性挑战 技术的认知合法性挑战	技术合法性挑战	1. "技术合法性挑战"是指某一项新兴技术相较于现有竞争性技术是否有更令使用者满意的性能表现和/或成本优势；是否在很多领域都有着潜在需求；是否与公众的认知相一致。 2. 副范畴是技术合法性挑战的三个维度
技术专家	专家	1. 既能理解底层技术原理又能预测未来产业需求以及技术商业可行性的专家。 2. 副范畴是专家的一种具体类型
天使投资人	投资人	1. 为新兴行业中具有发展潜力的企业或者其核心能力与自身战略高度契合的企业注入资金的组织。 2. 副范畴为投资人的一种具体类型
改变感知	感知策略	1. 通过改变或建立合法性关键听众对合法性对象的感知，以提升其合法性水平。 2. 副范畴为感知策略的一种具体做法
资源杠杆 技术杠杆	杠杆策略	1. 通过企业的社会资源或技术能力撬动利益相关者的社会资源，或者通过利益相关者自身的高合法性为企业背书，从而获得合法性关键听众的认可。 2. 副范畴为杠杆策略的具体实施方法

*图表来源：作者整理。

（二）示范性产品研发阶段

1. 合法性挑战

在示范性产品研发阶段，T-1公司主要面对的是来自示范性产品的合法性挑战，包含三个方面：一是产品的规制合法性挑战，主要来自产品自身的合规压力，即示范性产品是否达到甚至超过某些行业标准；二是产品的实用合法性挑战，主要来自示范性产品带来的用户转移成本，即使用新产品相较于使用现有产品或不使用产品，用户所需投入的成本是否增加，如果增加，短期的转移成本能否被长期收益所覆盖；三是产品的认知合法性挑战，主要是指示范性产品的客户是否认为这是一款与其预期相符甚至超出其预期的产品。

2. 合法性关键听众

对于一款示范性产品，其合法性的关键听众有三类：第一类是示范性产品的客户，通常来自行业内的头部企业，作为领先用户，这些企业愿意为技术/产品/工艺的创新投入时间和资源，客户的认可能提升示范性产品的实用合法性、认知合法性以及规制合法性水平；第二类是看好行业发展前景并且有产业布局需要的战略投资人，示范性产品刚好与其现有的产品形成互补，能够使其在日后的市场竞争中保持优势，这类合法性关键听众的认可能提升示范性产品的实用合法性和认知合法性水平；第三类是互补性资源提供者，例如：合规制造商，这类制造商本身就代表着较高的规制合法性水平，如果示范性产品是由这些制造商生产出来的，那么示范性产品也会相应地提高自身的规制合法性水平。

3. 合法性获取策略

在示范性产品研发阶段，T-1 公司主要采取依从策略，不仅在产品设计上紧密契合上汽对自主泊车方案中的产品需求，还在研发周期上完全配合上汽荣威 EP21H 车型的生产排期。此外，T-1 公司除了自身的 UWB 技术研发能力外，还需要具备车规级的生产制造工艺，而这正是 T-1 公司所欠缺的且在短时间内无法仅凭企业自身资源完成建设的。于是，T-1 公司采取杠杆加结盟的策略组合，通过上汽的引荐和背书，获得上汽免检供应商广州盛路通信科技股份有限公司（以下简称"盛路通信"）对 T-1 公司在 UWB 技术上研发能力的认可，并且 T-1 公司正在研发的上汽荣威 EP21H 车型的自主泊车功能的汽车配件及系统符合盛路通信在产业上的战略布局。因此，双方达成战略合作协议，T-1 公司的示范性产品不仅达到了车规级生产制造标准，提升了其示范性产品的规制合法性，同时还获得了盛路通信的战略投资，提升了示范性产品的实用和认知合法性。

T-1 公司在示范性产品研发阶段合法化过程的开放式和主轴编码如表 5-7、5-8 所示：

表 5-7　对示范性产品研发阶段的 T-1 公司合法化过程的开放式编码部分示例

典型援引（原始数据）	概念	初始范畴
"把这套设备做成符合汽车电子规范的产品，就要做非常多的实验，比如说在几个小时之内反复高低温不断下上升下降，以及被雷劈，大概上万伏的放电打在外壳上，里面的电路不能坏，它可以有一两秒钟不工作，但是劈过之后要能恢复，就类似这样的各种各样的实验。"（ZM1）	产品合规压力	产品的规制合法性挑战
"上汽是希望在车上引入一个新的功能，就是自主泊车。其实这个功能有很多种技术可以实现，比如……但是会发现这些技术都有各种各的缺陷，如果要把一个技术的可用性再提高一点点，可能需要付出 10 倍的成本。汽车对定位的精度要求很高，关系到人的生命安全，如果不去提高精度，这是无法接受的，可是成本的陡增又是事实，在那里摆着。……UWB 与它们拼在一起做一个融合的技术进行交叉验证，那车的安全等级得到了进一步的提升，同时成本不增甚至还下降了。"（ZM2）	用户转移成本	产品的实用合法性挑战
"上汽造车是有一个严格的时间线的，从 G5 到 G1。到 G3 的时候，必须完成所有的实验测试，如果到 G3 这个功能点还做不出来或者不能通过测试的话，这个功能点就会被砍掉，供应商也不要了。"（ZM3）	产品预期	产品的认知合法性挑战
"我们跟上汽合作，做的第一款全球自主泊车的乘用车，我们给上汽做的第一款自动驾驶商用车的高精度定位组件，这都从来没有过……我们跟上汽的合作共同完成新场景的开发……上汽是极端认可我们的，在这么短的时间内交付了这么好的产品……给上汽做的项目成了标杆，名声一下就打开了，让我们有机会跟更多的汽车厂商谈（合作）"（ZM1）	灯塔客户	灯塔客户
"盛路通信的董事长发现上汽居然能这么在意一家小公司，于是就投了我们。"（ZM3） "他（盛路通信的董事长）也觉得比较有前景，也在他们的产业链布局上，他也愿意投……一个战略投资进来，能给我们导入很多资源"。（ZM4）	战略投资人	战略投资人
"给上汽做车载鲨鱼鳍，这个设备的核心部件是我们供的，外壳和天线是盛路通信供的。当时上汽当觉得我们不具备生产质量体系，那就放到这家来生产。其实在那个时间点，我们肯定也只能去找代工厂做。"（ZM2）	合规制造商	合规资质提供者

续表

典型援引（原始数据）	概念	初始范畴
"2017 年我们把电路塞到车顶天线里头，实现对车上这个点的高精度的定位，满足了上汽的需求，同时还承诺上汽在 2018 年的下半年，把这套设备做达到成车规级的。"（ZM1）	满足客户需求	需求依从
"这个代工厂（盛路通信）是上汽引荐给我们的，本身它就是上汽的免检供应商"。（ZM2）	利用社会资源提升产品合法性	资源杠杆
"盛路通信是国内天线制造企业里第一家上市公司，在业界的声誉都很好，也一直是上汽的免检供应商。它的 16949 的合规产线，我们没有，而电子车规级产品的生产又必须要用，所以它给我们代工，我们的产品就符合规范了"（ZM4）	利用合作方资质提升产品合法性	规范结盟

*图表来源：作者整理。

表5-8　对示范性产品研发阶段的 T-1 公司合法化过程的主轴编码

副范畴	主范畴	构念内涵
产品的规制合法性挑战 产品的实用合法性挑战 产品的认知合法性挑战	产品合法性挑战	1. "产品合法性挑战"是指应用了某一项新兴技术的示范性产品，是否符合现行的生产制造规范和同类产品的质量标准；是否需要付出收益无法覆盖的转移成本；是否相符合灯塔客户对它的期待。 2. 副范畴是产品合法性挑战的三个维度
战略投资人	投资人	1. 为新兴行业中具有发展潜力的企业或者其核心能力与自身战略高度契合的企业注入资金的组织。 2. 副范畴为投资人的一种具体类型
合规资质提供者	互补性资源提供者	1. 为新兴技术创业企业提供在技术商业化过程中，所需的各类互补性资源的组织。 2. 副范畴为互补性资源提供者的一种具体类型
灯塔客户	客户	1. 购用用新兴技术开发的产品的组织或个人。 2. 副范畴为客户的一种具体类型
规范结盟	结盟策略	1. 通过结盟，提升合法性对象的合法性水平。 2. 副范畴为结盟策略的一种具体做法

续表

副范畴	主范畴	构念内涵
需求依从	依从策略	1. 与现有社会结构（包括社会运行的脚本、规则、规范、价值观和模式）的要求和期望相一致。 2. 副范畴为依从策略的一种具体做法
资源杠杆	杠杆策略	1. 通过企业的社会资源或技术能力撬动利益相关者的社会资源，或者通过利益相关者自身的高合法性为企业背书，从而获得合法性关键听众的认可。 2. 副范畴为杠杆策略的具体实施方法

＊图表来源：作者整理。

（三）大规模市场验证阶段

1. 合法性挑战

在大规模市场验证阶段，T-1 公司需要面对来自市场自身的合法性挑战。尽管 T-1 公司是生产智能网联汽车配件的企业，并不直接面对终端消费者，但是，智能网联汽车作为汽车市场中的一个新类别，其合法性影响着 T-1 公司的产品合法性和技术合法性，因此，智能网联汽车作为一个新的市场品类，或者直接称作智能网联汽车市场，其合法性直接关系着未来市场空间的大小以及其中各方参与者的合法性。市场的合法性包含三个方面：一是市场的规制合法性挑战，例如，2021 年 10 月我国工业和信息化部提出加强对智能网联汽车生产企业及产品准入的管理，同时建立健全智能网联汽车"十四五"标准体系，从而奠定智能网联汽车安全监管的技术基础，以标准法规引领产业的安全健康发展；二是市场的使用合法性挑战，主要来自市场需求刚性压力，例如，汽车保有量的增多导致交通事故和交通拥堵的发生率上升，随着消费升级以及智能网联汽车的性能提升，消费者对智能网联汽车的需求是否会表现出刚性；三是市场的认知合法性挑战，例如，能否让消费者对智能网联汽车建立起有别于传统汽车的认知，使其具有广阔的市场空间和持续增长的前景。

2. 合法性关键听众

在大规模市场验证阶段，T-1 公司要面对的合法性关键听众有四类：第一类是车企客户，随着传统车企和造车新势力逐渐入局智能网联汽车市场，他们成为 T-1 公司在示范性产品大规模验证阶段的目标客户，因为他们有意愿也最有可能选择 T-1 公司的产品。他们对配件产品认可和自身参与到智能网联汽车的制造中，能够提升智能网联车市场的规制合法性和实用合法性。第二类是互补性资源提供者，主要指互补性技术提供者和市场资源提供者，他们能够拓宽 T-1 公司的产品应用场景，同时能够为 T-1 公司快速对接其所缺乏的优质市场资源。互补性资源提供者对智能网联汽车市场前景的看好，并且投入资源促进其发展，提升了智能网联车市场的使用和规制合法性。第三类是战略投资人，通过战略合作整合双方在资源和能力上的优势，放大商业价值，提升双方的市场竞争力。战略投资人同样是因为看好智能网联汽车市场的发展前景才参与其中，从而提升了智能网联车市场的实用合法性。第四类是政府，提供政策支持、规范市场发展、制定行业标准以及资质认证等，从而提升智能网联车市场的规制合法性。第五类是终端消费者，也是最重要的智能网联车市场的合法性关键听众。消费者对智能网联汽车的驾驶体验、消费能力以及产品认知等评判标准，关系着智能网联车市场的实用和认知合法性。

3. 合法性获取策略

为了应对市场合法性挑战，T-1 公司采取了两种合法性获取策略：一是通过与互补性技术合作方以及战略投资人结盟，共同完善智能网联汽车的室内外一体化精准定位方案，并且共同发起行业团体标准《自主代客泊车地图与定位技术要求》，提升了智能网联车市场的实用合法性和规制合法性；二是与参与到车企对智能网联汽车的宣传活动中，为消费者展示智能网联汽车的安全性与智能性，以汽车为媒介打造万物互联的智能生活愿景，建立起"智能汽车将作为智能手机之外的实现万物互联的消费级应用终端"的感知，从而提升智能网联车市场的认知合法性。

T-1 公司在大规模市场验证阶段合法化过程的开放式和主轴编码如表5-9、5-10 所示：

表 5-9　对大规模市场验证阶段的 T-1 公司合法化过程的开放式编码部分示例

典型援引（原始数据）	概念	初始范畴
"国家今年初给的定义叫智能网联汽车，自动驾驶当然也归属于这条线，还包括完全没有自动驾驶能力，但是这辆车有完整的互联功能，就是它可以跟云端汇报自己的位置，可以跟车主的手机进行各种互动，可以跟其他车辆通信啊，就是像一部智能手机一样的汽车都叫智能网联汽车。"（ZM1） "工信部装备工业司组织全国汽标委编制了《2019 年智能网联汽车标准化工作要点》，强调贯彻落实《国家车联网产业标准体系建设指南（智能网联汽车）》，加快基础通用和行业急需标准制定，加强标准关键技术研究和试验验证工作，及时开展标准宣贯与实施，确保各类标准项目有序推进。"（SP1）	市场规范有待完善	市场的规制合法性挑战
"2018 年智能网联新车型渗透率达到 31.1%，相较 2016 年增长近 5 倍；2018 年中国品牌智能网联新车型渗透率达到 35.3%，相较 2016 年增长 15 倍。智能网联功能正由高端、豪华车型向普通车型渗透。"（SR1） "截至 2018 年，全国智能网联汽车测试示范区包括 10 个国家级示范区以及 14 个地方级示范区。"（SR1）	市场需求有待激发	市场的实用合法性挑战
"2018 年之后，我们就发现从那一时刻开始，大家就开始在提智能网联汽车。V2X，汽车连接一切，汽车不仅仅只是一个代步工具，它将是一个超级智能终端。"（ZM1）	消费者认知有待重塑	市场的认知合法性挑战
"千寻和六分的业务是互相替代的，但是车厂选择的时候不会说因为你们互相替代，就一定是选哪一家。有时候车厂这款车选这一家，下一款车可能更倾向于选另一家。"（ZM2）	车企客户	企业客户

续表

典型援引（原始数据）	概念	初始范畴
"如果四维投了我们，应该不仅仅能发挥我们在室内定位的产品优势，而是应该把我们团队这部分 ICT 的能力优势和四维图新既有数据和服务的业务再做更深的结合，来为他们按照他们既有资源以及他们客户想要的东西，给他们贴身做一些终端。为他们的数据、服务做终端落地。就好像是，他有云，有云上的数据，有云的服务，没有自己的端，有别人的端，但是别人的端始终都受掣肘。"（ZM1）	战略投资人	战略投资人
"从去年（2019 年）九、十月份开始，我们跟千寻做很多地下车库的业务，就是室内场景下，给汽车做高精度位置的服务。我们和千寻一起服务汽车厂以及我们服务千寻，千寻服务他的客户，他成为我们的总包，去做室内外一体化的项目。"（ZM2）	互补性技术提供者	互补性技术提供者
"四维图新作为高密度地图的供应商和室外 GPS 增强网络的服务商，他们的业务触角还是很到位，所以这些港但凡能找到四维图新的，就能找到我们这儿来，而且速度会更快，以前可能需要半年的时间才能到我们这儿来。所以这个是我们今年以来业务上一个非常大的涨幅。"（ZM2）	市场资源提供者	市场资源提供者
"像卡车的预测巡航知道前面有坡了，那么就告诉卡车司机现在赶紧加速，免得在坡上面加速更费油，在平路上把速度提起来，去冲这个坡，然后马上要到顶了，提前个几百米就收油，到顶的时候慢慢往下溜。就像这种方式，基于地图可以为汽车，不管是驾驶体验还是经济性等各方面提供一些上层服务。"（ZM3）	终端消费者	终端消费者
"宜宾政府在打造一个智能终端的生产制造的园区，我们被招商过去，肯定在那里做一个制造的产线……做汽车 Tier1 的供应商是需要我们自己有一条产线的，就是车规级的产线。"（ZM2） "政府招商都是挑大的，有可能再选一两个长得好的，而我们是在一群里面长得比较好的。"（ZM4） "有的企业比较新，目前可能还没有做起来，但是不好说未来是不是个独角兽，要是这个时候把它放弃了，可能会很可惜。但是领导考虑的层面不一样，还是比较注重产值税收这些，能够抓住的就赶紧抓住，要能现在兑现的，不要远期兑现的那种。"（ZG1）	政府招商	产业促进者
"就像四维图新在遇到我们之前，一直在用 GPS 做室外定位，以及地面增强网络 RTK。直到后来我们跟他们在上海车展上遇到，觉得双方可以一起合作，然后有一两个合作项目，一来二去发现配合得还挺紧密的，再后来双方都会觉得彼此间其实很互补。"（ZM3）	利用合作方互补性技术拓展应用场景	技术结盟

续表

典型援引（原始数据）	概念	初始范畴
"我们和千寻一起服务汽车厂以及我们服务千寻，千寻服务他的客户，他成为我们的总包，去做室内外一体化的项目。"（ZM1）"他们（四维图新）的业务触角还是很到位。所以这些港但凡能找到四维图新的，就能找到我们这儿来……所以我们今年以来业务上一个非常大的涨幅。"（ZM2）"现在四维图新进来之后，我们的客户就是汽车厂家以及自动驾驶方案商，全国数出来 20~25 个以内，对他们进行宣贯，我一天拜访 2 个，两周就拜完了，就很爽。"（ZS1）	利用合作方市场资源提升市场占有量	市场结盟
"联合我们的合作方和部分同行起草《自主代客泊车地图与定位技术要求》……是中国智能网联汽车产业创新联盟提出并归口的，有助于我们在技术路线上建立话语权。"（ZM1）	与合作方共同发起行业标准	规范结盟
"V2X，汽车连接一切，汽车不仅仅只是一个代步工具，它将是一个超级智能终端……就是像一部智能手机一样的汽车。"（ZM1）	建立感知	建立感知

＊图表来源：作者整理。

表 5-10　对大规模市场验证阶段的 T-1 公司合法化过程的主轴编码

副范畴	主范畴	构念内涵
市场的规制合法性挑战市场的实用合法性挑战市场的认知合法性挑战	市场合法性挑战	1. "市场合法性挑战"是指某一新的市场类别或市场，是否有适用其发展的规范和标准；市场需求是否有逐渐刚性的可能，从而带来市场空间的持续扩张；是否在消费者心中建立起对新市场的独特认知，对其发展前景充满信心。2. 副范畴是市场合法性挑战的三个维度
战略投资人	投资人	1. 为新兴行业中具有发展潜力的企业或者其核心能力与自身战略高度契合的企业注入资金的组织。2. 副范畴为投资人的一种具体类型
互补性技术提供者市场资源提供者	互补性资源提供者	1. 为新兴技术创业企业提供在技术商业化过程中，所需的各类互补性资源的组织。2. 副范畴为互补性资源提供者的两种具体类型
企业客户终端消费者	客户	1. 购买用新兴技术开发的产品的组织或个人。2. 副范畴为客户的两种具体类型

续表

副范畴	主范畴	构念内涵
产业促进者	政府	1. 为促进区域经济发展给企业提供政策支持，规范市场发展，制定行业标准以及资质认证等的各级政府部门或行政机构。 2. 副范畴为政府的一种组织身份
规范结盟 技术结盟 市场结盟	结盟策略	1. 通过结盟，提升合法性对象的合法性水平。 2. 副范畴为结盟策略的三种具体做法
建立感知	感知策略	1. 通过改变或建立合法性关键听众对合法性对象的感知，以提升其合法性水平。 2. 副范畴为感知策略的一种具体做法

＊图表来源：作者整理。

以上通过对 T-1 公司在 UWB 技术商业化各阶段所面对的合法性挑战和合法性关键听众，以及其采取的合法化策略，进行开放式编码和主轴编码，共得到 27 个副范畴和 12 个主范畴。然后，对主范畴进一步整合与凝练，完成选择性编码工作，如图 5-1 所示，最终得到了底层技术创新导向的新兴技术创业企业合法化过程的"故事线"（见图 5-2）：在商业可行性孵化阶段，底层技术创新导向的新兴技术创业企业主要面临的是技术合法性挑战，它需要面对技术专家和投资人两类合法性关键听众，采用感知策略和杠杆策略来获取技术合法性；在示范性产品研发阶段，其主要面临的是产品合法性挑战，需要面对投资人、客户以及互补性资源提供者等三类合法性关键听众，采用依从策略、结盟策略和杠杆策略来获取产品合法性；在大规模市场验证阶段，其主要面临的是市场合法性挑战，需要面对投资人、客户、互补性资源提供者以及政府等四类合法性关键听众，采用结盟策略和感知策略来构建市场合法性。

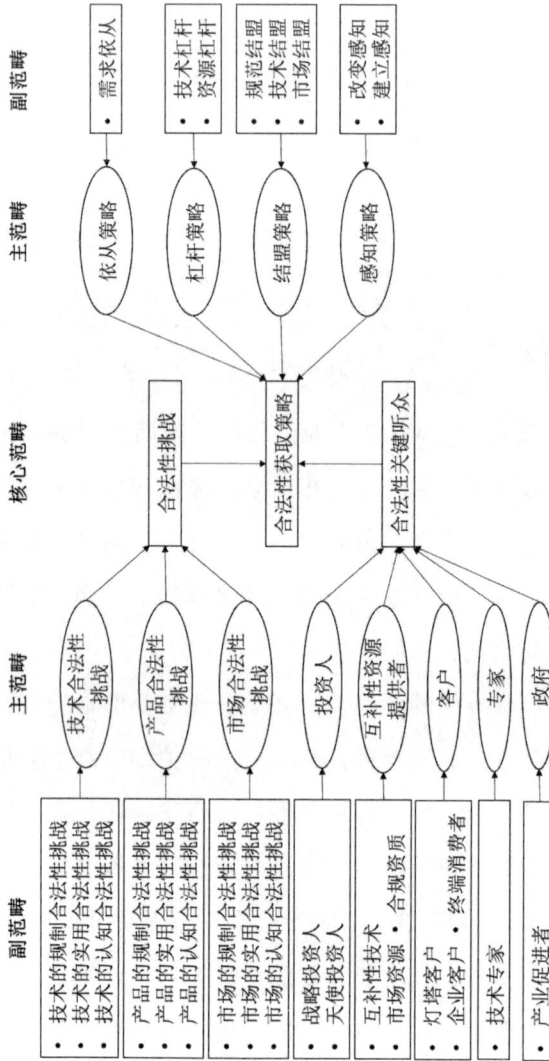

图5-1 T-1公司合法化过程的选择性编码结果

★图表来源：作者整理

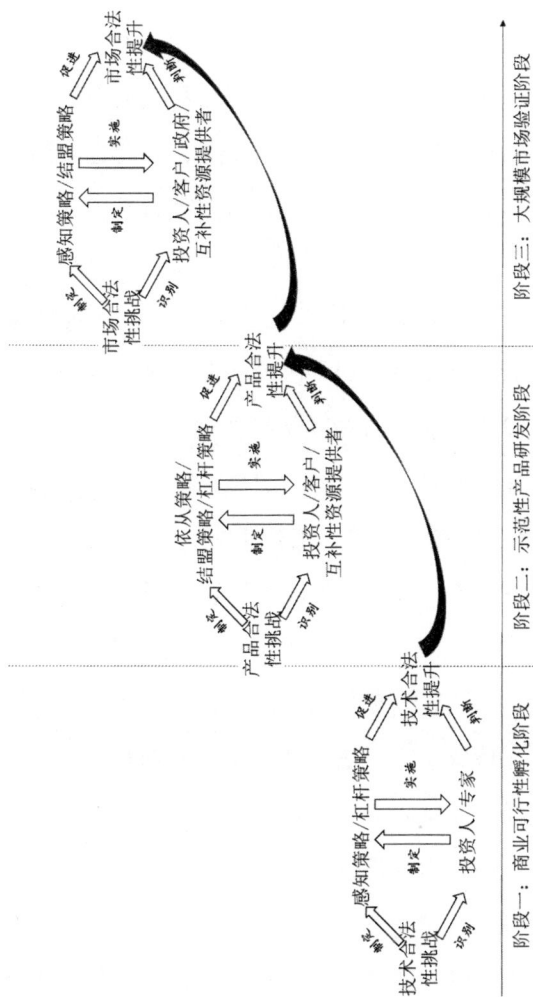

图5-2 底层技术创新导向的新兴技术创业企业合法化过程模型

★图表来源：作者整理

二、应用方案创新导向的新兴技术创业企业合法化过程

（一）项目场景化阶段

1. 合法性挑战和合法性关键听众

创业之初，基于合伙人的社会资源，T-2 公司主要在采矿行业积累项目经验。尽管承接的项目隶属于不同的煤矿企业，同时也会因不同的厂矿条件，项目方提出不同的需求，但是经过长时间项目经验的积累，T-2 公司逐渐提炼出煤矿作业场景中的共性需求。基于场景，选择相应的技术路线，并不断迭代项目方案，以提升技术性能指标。通过项目场景化的模式，不仅使基于场景的项目经验得到了沉淀，而且企业的技术能力也得到了提升。因此，当 T-2 公司决定开拓其他行业的市场时，选择了具有相似场景的不同行业，例如建筑施工行业的隧道施工场景，但是仍要面临技术合法性挑战，即 UWB 技术能否适用于该行业中的业务场景，主要表现为：一是技术的规制合法性挑战，即 UWB 技术相较于现有竞争性技术，其性能优势能否具有突破性，达到甚至超过行业现行规范要求；二是 UWB 技术的实用合法性挑战，即 UWB 技术相较于现有竞争性技术，能否在有更好性能表现的同时，保持成本不变或者使成本的增加在可控范围内，甚至还有可能带来更大的经济效益。在项目场景化阶段，T-2 公司面对的合法性关键听众是项目方，即企业客户。

2. 合法性获取策略

为了应对项目场景化阶段的技术合法性挑战，T-2 公司采取了两种合法性获取策略：一是通过场景建立客户感知，让客户理解 UWB 技术在另一个行业的相似场景中，能达到什么样的性能指标，从而让客户认识到 UWB 技术在其所在行业的场景中同样具有技术可行性；二是利用资源杠杆，用其他行业灯塔客户的声誉为其技术能力背书。

T-2 公司在项目场景化阶段合法化过程的开放式和主轴编码如表 5-11、5-12 所示：

表 5-11 对项目场景化阶段的 T-2 公司合法化过程的开放式编码部分示例

典型援引（原始数据）	概念	初始范畴
"矿山行业的人员定位从 2003 年就开始上了，只是那个时候定位精度很差，而且那个时候需求就是知道人在哪行了……煤矿是巷道定位，跟地面那种大面积的定位的技术路线完全不一样。我们能做到 700 米的覆盖半径，实时获取人员位置，精度到 10 厘米。国家要求是人员静态定位精度 30 厘米以下，动态精度 7 米以下"。（SM3）	国家标准、行业规范、颠覆性技术路线	技术的规制合法性挑战
"在工业物联网领域，我们这么多年一直在探索如何把定位技术更好地应用到各个工业场景中。我们最初做的产品只是面向煤矿行业，因为煤矿行业在当时以及这两年都是国家重点在抓的涉及人员安全的行业，还包括有隧道作业环境的行业。我们现在的产品都是从最初做煤矿行业的原型产品上不断地完善出来的，扩展到涉及工业安全的各个行业。"（SM3） "比如说煤矿、化工、电厂，我们现在就把这些划归到工业安全，到这个阶段，我们专门设这样一个事业部，就针对工业安全，就从安全角度上它会有什么东西，工业安全上（的场景）其实很相通的，比如说电子作业票，还有人员位置这些信息。"（SM2）	场景拓展、场景提炼	技术的实用合法性挑战
"我们现在能在电力能源领域切进去，说白了就是因为之前传统的生产安全的解决方案中缺位置传感器这一块，他们的总包商没有这个技术。其实我们公司最初创立的目的就是围绕定位做，想法很简单，就是我们把定位做好，然后通过集成商或者总包商包出去，我们就不管后面的应用了。"（SM1） "我们公司总共 100 多人，其中 40 多个人是在技术部，但是技术部的人不光是搞研发的。技术部的第一步肯定是产品部，承担着半技术半市场的角色，产品部要去一线向客户了解需求，除了商务不谈，其他都要搞。"（SM3）	总包商、企业客户	企业客户

续表

典型援引（原始数据）	概念	初始范畴
"后来我们又往制造业拓展，比如汽车行业，现在是我们非常重要的方向，是从给大众的产线做开始的……加入定位后，后台管理系统就能获取到各个工序上的资源信息，实现一个排期合理、相对有序的自动调度。这种类似的应用也出现在纺织厂里面的推车调度上。"（SM2） "像纺织厂管理纺织纺纱车，就是把我们给大众做的那套调度车的系统直接给到它们。其实就是我们在对场景做提炼。叉车、纺车，往上抽象其实都是在工业场景中的一个载具，在生产流程的各个环节里面如何对载具做一个全程的把控。"（SM3）	适用于不同行业共性场景、技术赋能	建立感知
"像京东方，我们已经做了武汉和北京，最近在谈合肥的，也差不多了。大众，我们之前做了长春，还有个佛山，最近又有一个厂会继续上。"（SM2）	利用社会资源提升技术合法性	资源杠杆

＊图表来源：作者整理。

表5-12　对项目场景化阶段的T-2公司合法化过程的主轴编码

副范畴	主范畴	构念内涵
技术的规制合法性挑战 技术的实用合法性挑战	技术合法性挑战	1. "技术合法性挑战"是指某一项新兴技术相较于现有竞争性技术是否有更令使用者满意的性能表现和/或成本优势；是否在很多领域都有着潜在需求；是否与公众的认知相一致。 2. 副范畴是技术合法性挑战的两个维度
企业客户	客户	1. 购买用新兴技术开发的产品的组织或个人。 2. 副范畴为客户的一种具体类型
建立感知	感知策略	1. 通过改变或建立合法性关键听众对合法性对象的感知，以提升其合法性水平。 2. 副范畴为感知策略的一种具体做法
资源杠杆	杠杆策略	1. 通过企业的社会资源或技术能力撬动利益相关者的社会资源，或者通过利益相关者自身的高合法性为企业背书，从而获得合法性关键听众的认可。 2. 副范畴为杠杆策略的具体实施方法

＊图表来源：作者整理。

（二）场景产品化阶段

1. 合法性挑战和合法性关键听众

随着 T-2 公司的业务渗透到不同行业中，其所积累的场景类型也在不断丰富。T-2 公司的决策层发现，在开辟一个新行业的市场时，灯塔客户往往是该行业中的头部企业，需要对其需求进行定制开发，而其他中小企业客户的需求，只需要在灯塔客户的解决方案上进行拆分或再组合即可满足，于是他们决定将场景产品化，即对不同业务场景给出相应的标准解决方案。通过场景产品化的模式，T-2 公司一方面将积累的项目经验和技术能力转化成标准化的产品从而加快抢占市场的速度，另一方面控制了人力成本的增长速度。因此，在场景产品化阶段，T-2 公司要让更多的企业客户接受它所提出的标准化解决方案（即产品），让客户认同其方案的合理性，这就需要面临产品合法性挑战，主要表现为产品的实用合法性挑战，即新产品能否满足需求，并且使用新产品相较于使用现有产品或不使用产品，用户所需投入的成本是否增加，如果增加，短期的转移成本能否被长期收益所覆盖。在场景产品化阶段，T-2 公司面对的合法性关键听众仍是项目方，但包含了政企两类客户。

2. 合法性获取策略

为了应对场景产品化阶段的产品合法性挑战，T-2 公司采取了两种合法性获取策略：一是通过对"性价比"进行重新定义，来建立客户对产品的感知，提高产品的实用合法性；二是利用资源杠杆，用同行业的灯塔客户的声誉为其产品做背书，来获得同行业中其他企业的认可。

T-2 公司在场景产品化阶段合法化过程的开放式和主轴编码如表 5-13、5-14 所示：

表 5-13 对场景产品化阶段的 T-2 公司合法化过程的开放式编码部分示例

典型援引（原始数据）	概念	初始范畴
"一个场景它有哪些关键的要素，要素之间的关系，可以建模实现，然后给出在这个场景下可能的标准方案……中小企业的需求其实就是我们把大企业的需求进行裁剪给它们。像纺织厂管理纺织纺纱车，就是把我们给大众做的那套调度车的系统直接给到它们。"（SM2） "我们抱着要开发一个行业的目的……我们对定制项目是有限定的，如果要考虑到以后还可能有这种需求，就会对场景里面功能模块进行拆分，拆分成更小的功能模块，然后再把它组成一个产品。以后遇到在这个场景中只要某些功能模块的定制客户，通过拔插模块组合成客户需要的产品。"（SM3） 我们用无感的（人员打卡）方式的话，对企业没有增加新的负担，只是前期相较于传统的方式，投入稍微会偏大一点，但是后期的运维管理成本就会很低。（SM1）	基于场景的标准方案、场景模块做成标准产品	产品的实用合法性挑战
"比如说医疗，我们现在做了卒中、胸痛、急救三中心。去年（2020 年）10 月，接触到这个需求，就是对病人和医护人员还有病床都进行无感定位……通过系统，每一扇门都会按设置好的程序打开，完全是无感的，肯定就会进一步提高抢救效率。"（SM2） "现在我们还在公检司法领域进行拓展，像办案中心（执法办案管理中心）……还有就是监狱。"（SM3）	事业单位客户、行政单位客户	政府客户
"像商飞（中国商用飞机有限责任公司）要通过人员的工时统计实现员工的效能（员工单位时间付出的劳动成果量）分析，最后要做到自动派单。"（SM3）	企业客户	企业客户
"我们在一个地市级三甲医院做好一个标杆项目，推得很快，光去年（2020 年）就签了 10 多个医院，今年又签了好几个了。"（SM2）	利用社会资源提升产品合法性	资源杠杆
"我们对性价比进行了重新定义。第一，我的价格一定不是最高的；第二，尽管我的单个产品的性能可能不是最好的，但是综合起来我的整体解决方案是最好的。我们不是卖单个产品，我们是靠整体解决方案来争取一个更适合的价格，给客户提供最好的服务，让他们感到物超所值。"（SM1）	重新定义"性价比"	建立感知

*图表来源：作者整理。

表 5-14　对场景产品化阶段的 T-2 公司合法化过程的主轴编码

副范畴	主范畴	构念内涵
产品的实用合法性挑战	产品合法性挑战	1. "产品合法性挑战"是指应用了某一项新兴技术的示范性产品,是否符合现行的生产制造规范和同类产品的质量标准;是否需要付出收益无法覆盖的转移成本;是否相符合灯塔客户对它的期待。 2. 副范畴是产品合法性挑战的一个维度
政府客户 企业客户	客户	1. 购买用新兴技术开发的产品的组织或个人。 2. 副范畴为客户的一种具体类型
建立感知	感知策略	1. 通过改变或建立合法性关键听众对合法性对象的感知,以提升其合法性水平。 2. 副范畴为感知策略的一种具体做法
资源杠杆	杠杆策略	1. 通过企业的社会资源或技术能力撬动利益相关者的社会资源,或者通过利益相关者自身的高合法性为企业背书,从而获得合法性关键听众的认可。 2. 副范畴为杠杆策略的一种具体实施方法

*图表来源:作者整理。

(三) 产品平台化阶段

1. 合法性挑战与合法性关键听众

随着更多的场景被提炼出来,更多的基于场景的标准化方案(即产品)被研发出来,每款标准化方案都涵盖硬件设备、软件系统以及算法等模块。尽管标准化方案能满足大部分企业客户需求,但是客户需求也逐渐呈现出个性化和碎片化趋势,二次开发成为主流。此时,T-2 公司做出了战略调整,推出了位置物联整体解决方案产品矩阵开发平台,既包含横向的四大应用层场景——工业智能、工业安全、公检司法以及智慧城市,又包括纵向地从感知层到引擎展示层到平台层再到应用层的模块化产品。通过产品平台化的模式,T-2 公司能够更加快速地应对市场变化并且不断开拓新的市场,而且能够吸引更多的企业购买其平台服务,利用现成的模块进行二次开发，满足自身的个性化需求。

因此，在产品平台化阶段，T-2 公司需要面对平台合法性挑战，包含三个方面：一是平台的规制合法性挑战，即平台上的技术和产品是否与相关行业标准保持一致，以提高平台的通用性；二是平台的实用合法性挑战，即平台能否提供丰富的应用场景，能够让来自不同行业的客户根据自身需求进行标准化定制，让他们实现降本增效；三是平台的认知合法性挑战，即能否让客户对平台定位有明确的认知，并与自身需求产生链接，例如"要找真房源还是贝壳全"。相应地，其面对的合法性关键听众包括客户、行业标准联盟或协会中的专家、提供互补性技术能力和市场资源的平台合作方、投资人以及相关政府部门。

2. 合法性获取策略

为了应对平台合法性挑战，T-2 公司采取了三种合法性获取策略：一是通过品牌战略，将自己的品牌形象清晰地传达给客户，"我是谁"、"我能做什么"以及"我优于别人什么"，从而建立起"位置物联网领域的赋能者"客户感知，提升平台的认知合法性；二是与业内知名企业搭建的物联网平台结盟，相互之间开放接口，借助对方业内影响力、互补性技术能力和市场资源，提升自身平台的规制合法性、实用合法性以及认知合法性；三是加入行业标准联盟或协会，提升平台的规制合法性和实用合法性。

T-2 公司在产品平台化阶段合法化过程的开放式和主轴编码如表 5-15、5-16 所示：

表 5-15 对产品平台化阶段的 T-2 公司合法化过程的开放式编码部分示例

典型援引（原始数据）	概念	初始范畴
"我们的品牌战略是用来配合我们平台上的技术和产品构架战略的。以前我们的宣传都是围绕着定位，现在一个最重要的转型就是要从高精度位置服务的践行者到位置物联网赋能者的一个转型。我们的品牌愿景就是国际领先的位置物联网解决方案提供商，使命是以位置服务驱动业务创新为政企赋能。"（SM1）	品牌、愿景、使命、价值	平台的认知合法性挑战
"我们做研发的技术架构必须支持标准化、模块化，现在提的就是微服务的架构。我建个大平台，类似于安卓平台的架构，在上面可以开放一个一个小的应用程序。"（SM1）	标准化、标准	平台的规制合法性挑战
"整个系统界面的这些设计都是很通用的，包括所有的图标、按钮，所有的流程，都是可以去自定义的。这样就方便了小企业定制。客户可以自己的需要去选择我们提供的功能模块。这就是一个降低实施成本的方式。像很多小的厂商，他们的厂区分布很零散，我们就会给他们提供云服务，把服务上云嘛，让他们可以多地接入访问……像电厂，我们的平台基本上至少都会对三大系统，DCS（集散控制系统）、MIS（管理信息系统）和PMS（设备管理系统）……本质上就是用信息化的手段帮助客户实现降本增效。"（SM3）	通用设计、功能模块、自定义、接入访问、对接客户系统、降本增效	平台的实用合法性挑战
"因为主导权在客户手里。我们只有尽能力来维系客户对我们的品牌的信任，以及与客户的资源渠道关系。"（SM2）	客户、客户关系	企业客户
"今年（2020 年）数据猿联合了上海大数据联盟还有一些产业专家，评出的物联网产业最具投资价值企业和创新服务产品，都有我们。这些产业专家对我们自主研发的 UWB 和蓝牙 AOA 融合定位系统和 aPaaS 服务平台，以及 1800 多个行业真是应用案例都很认可。"（SM2）	产业专家	产业专家
"品牌里面有一个细分支就是发展生态合作伙伴，比如我们跟那些做工业互联网平台的、跟做传统 ICT（信息通信技术）服务的，我们都跟他们去建立一些合作关系。主要还是利用他们的市场营销资源。而我们的平台能力刚好能嵌入到他们的平台生态中去。"（SM2）	市场资源、生态合作伙伴、能力嵌入	市场资源提供者
"今年（2021 年）我们和千寻（位置）建立战略合作。他们用北斗做室外高精度定位的，我们用 UWB 和蓝牙 AOA 融合定位来做室内高精度定位，所以双方在技术能力上正好互补。"（SM1）	技术互补	互补性技术提供者

续表

典型援引（原始数据）	概念	初始范畴
"2019 年下半年我们接触了合肥产投集团下面的这个基金，然后 12 月注册了合肥四相。最近我们在申请一个安徽省的高层次人才团队，申请成功的话直接奖励 300 万给公司。"（SM2） "现在很多政府也成立了产业基金来整合某一产业的上下游资源，这些产业基金就会从上游到下游全部投完。但这种整合资源的事情只有政府的产业基金才有能力做到。甚至有一些政府的产业基金不是以投资形式过去，而是直接以政府补贴的形式就过去了。"（SM1）	政府产业基金、政府奖励、政府补贴	产业促进者
"我们今年（2021 年）完成了 A 轮融资，是合肥当地的一家天使投资机构。他们看到了合肥市政府对我们的扶持也看好工业物联网这个新行业的发展前景。"（SM2）	天使投资人	天使投资人
"树根互联（根云平台），还有蓝卓（工业操作系统平台）就是中控集团（浙江中控技术股份有限公司）旗下的。还包括跟华为、阿里都在保持生态合作关系。因为他们有大平台，我们可以放上去做。"（SM1）	利用合作方市场资源促进品牌传播	市场结盟
"在标准层面，我们是 FiRa 联盟和蓝牙 SIG 的正式会员，今年（2021 年）还成为全国信息技术标准化技术委员会实时定位系统标准制定工作组成员单位。"（SM2）	标准、标准联盟、标准制定	规范结盟
"今年（2021 年）我们和千寻（位置）建立战略合作。他们用北斗做室外高精度定位的，我们用 UWB 和蓝牙 AOA 融合定位来做室内高精度定位，所以双方在技术能力上正好互补。"（SM1）	技术互补	技术结盟
"我们会有一系列具体的策略，比如怎么塑造我们的品牌形象，怎么去传播，具体还有哪些话术啊要怎么统一啊，就会有很多很多细节……今年（2020 年）六月份我们定下来要开始往这方面转型，我们要发展，所以我们就招了新的品牌经理。因为以前纯粹做定位方面的项目，面对的更多的还是集成商，现在面对的就变成了终端客户，那么整个的企业形象就会发生根本性的变化。"（SM1） "我们参加了一些业内比较有含金量的评比，比如说，今年（2021 年）的'物联之星'评选，有物联网界奥斯卡之称，拿了两个奖，一个是中国最有影响力物联网定位企业奖，还有一个是 UWB 和蓝牙 AOA 融合定位系统拿了物联网最佳创新产品奖。"（SM2）	建立感知	建立感知

＊图表来源：作者整理。

表 5-16　对产品平台化阶段的 T-2 公司合法化过程的主轴编码

副范畴	主范畴	构念内涵
平台的规制合法性挑战 平台的实用合法性挑战 平台的认知合法性挑战	平台合法性挑战	1. "平台合法性挑战"是指某应用开发平台上的技术和产品是否与相关行业标准保持一致，能否提供丰富的应用场景满足不同行业的客户需求进行标准化定制，能否让客户对平台定位有明确的认知并与自身需求产生链接。 2. 副范畴是平台合法性的三个维度
企业客户	客户	1. 购买用新兴技术开发产品的组织或个人。 2. 副范畴为客户的一种具体类型
市场资源提供者 互补性技术提供者	互补性资源提供者	1. 为新兴技术创业企业提供在技术商业化过程中，所需的各类互补性资源的组织。 2. 副范畴为互补性资源提供者的两种具体类型
产业专家	专家	1. 既能理解底层技术原理又能预测未来产业需求以及技术商业可行性的专家。 2. 副范畴是专家的一种具体类型
天使投资人	投资人	1. 为新兴行业中具有发展潜力的企业或者其核心能力与自身战略高度契合的企业注入资金的组织。 2. 副范畴为投资人的一种具体类型
产业促进者	政府	1. 为促进区域经济发展给企业提供政策支持，规范市场发展，制定行业标准以及资质认证等的各级政府部门或行政机构。 2. 副范畴为政府的一种组织身份
市场结盟 规范结盟 技术结盟	结盟策略	1. 通过结盟，提升合法性对象的合法性水平。 2. 副范畴为结盟策略的三种具体做法
建立感知	感知策略	1. 通过改变或建立合法性关键听众对合法性对象的感知，以提升其合法性水平。 2. 副范畴为感知策略的一种具体做法

＊图表来源：作者整理。

以上通过对 T-2 公司在 UWB 技术商业化各阶段所面对的合法性挑战和合法性关键听众，以及其采取的合法化策略，进行开放式编码和主轴编码，共得到 17 个副范畴和 10 个主范畴。然后，对主范畴进一步整合与凝练，完成选择性编码工作，如图 5-3 所示。应用方案创新导向的新兴技术创业企业合法化过程相对比较复杂，存在两条"故事线"（见图 5-4）：一条是"横向故事线"，即新兴技术在不同行业里拓展应用场景。例如：T-2公司提炼采矿行业井下巷道作业场景的特性，并将之应用到建筑施工行业的隧道作业场景中，使 UWB 技术的应用从采矿行业拓展到建筑施工行业。同时，由于 UWB 技术在建筑施工行业的隧道场景与交通运输业的智能车联网隧道场景存在共性，于是 UWB 技术的应用又从建筑施工行业拓展到了交通运输行业。伴随着 UWB 技术的应用拓展到更多的行业中，其技术合法性随之提升。另一条是"纵向故事线"，即新兴技术沿着"项目场景化→场景产品化→产品平台化"的路径实现商业化应用。例如：T-2公司将其在制造业承接过的智慧工厂定位项目的共性需求进行提炼，从而开发出一套基于智慧工厂流水线作业场景的定位系统标准化解决方案，将同一场景中的项目经验转化成产品能力，因而其产品合法性也随之提升。随着客户对标准化产品进行二次开发的需求日益增多，T-2公司将标准化产品拆分成不同的功能模块或子产品。例如它将智慧工厂定位系统标准化解决方案拆分成硬件设备和软件系统，其中硬件设备包括墨水屏工牌标签、PDA 定位终端、车载定位标签和定位基站；软件系统包括室外车辆管理系统（GPS 定位、GPRS 通信）、室内车辆管理系统（UWB 定位、UWB 通信）以及车辆管理系统（GPS 定位、ZigBee 通信）、智能考勤系统、智能巡检系统、企业管理系统、设备管理系统、电子围栏系统、人员状态检测系统、仓储物流管理系统以及视频管理系统等，从而打造一个嵌入到感知层、传输层、服务层、网络层和应用层的模块化产品矩阵，最终构建一个服务于标准化定制的产品开发平台。产品的合法性随之提升，同时增强了技术合法性和平台合法性。值得注意的是，两条故事线会同时展开，并且根据企业自身的需求发生改变。

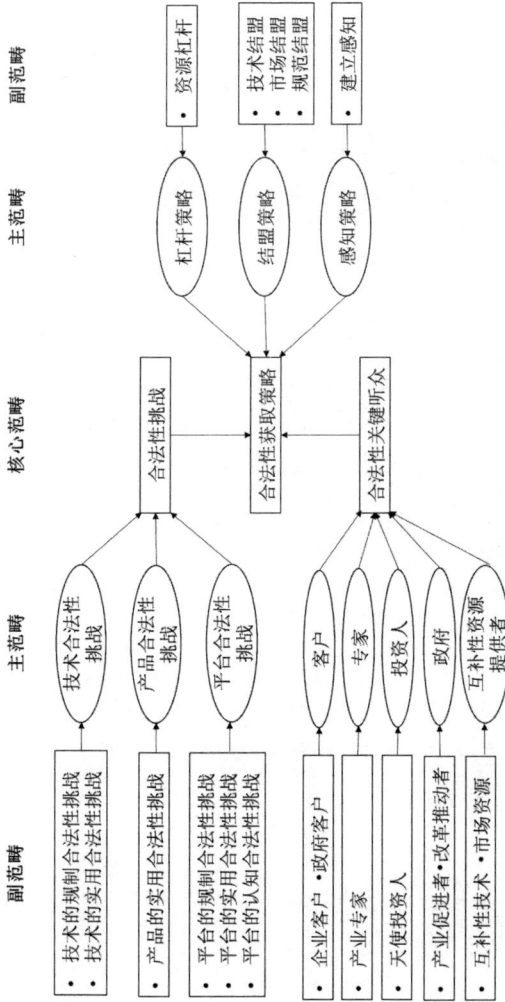

图5-3　T-2公司合法化过程的选择性编码结果

★图表来源：作者整理

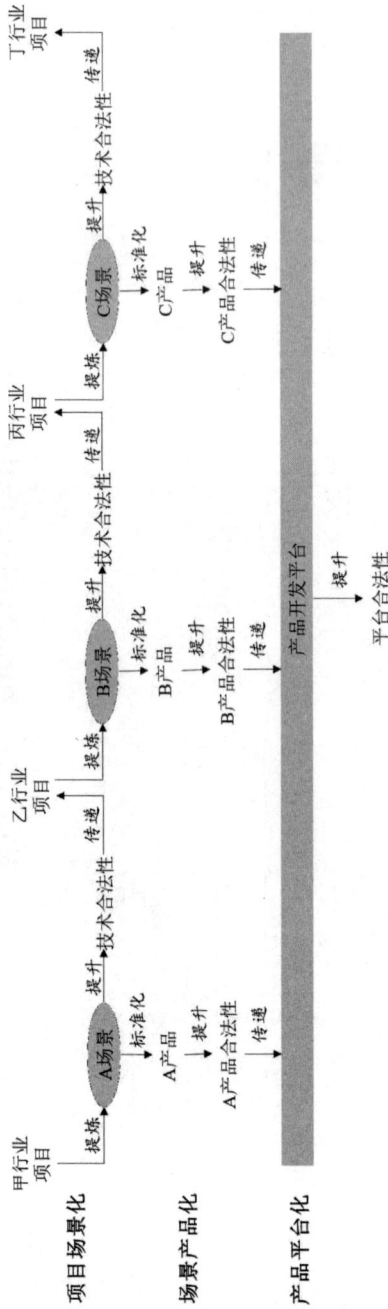

图5-4 应用方案创新导向的新兴技术创业企业合法化过程模型

★图表来源：作者整理

124

表 5-17 两类技术创新导向的新兴技术创业企业合法化过程对比

阶段		底层技术创新导向——T-1公司	应用方案创新导向——T-2公司	
阶段一： 商业可行性孵化（T-1） 项目场景化（T-2）	技术合法性挑战	挑战	技术合法性挑战	挑战
		听众：(技术)专家；(天使)投资人		听众：(企业)客户
		策略：(改变)感知策略；(资源+技术)杠杆策略		策略：(建立)感知策略；(资源)杠杆策略
阶段二： 示范性产品研发（T-1） 场景产品化（T-2）	产品合法性挑战	挑战	产品合法性挑战	挑战
		听众：(战略)投资人；互补性资源（合规资质）提供者；客户		听众：(企业+政府)客户
		策略：(需求)依从策略；(灯塔)(规范)结盟策略；(资源)杠杆策略		策略：(建立)感知策略；(资源)杠杆策略
阶段三： 大规模市场验证（T-1） 产品平台化（T-2）	市场合法性挑战	挑战	平台合法性挑战	挑战
		听众：(战略)投资人；市场资源（互补性技术+市场资源）提供者；(企业)客户；政府(产业促进者)		听众：(企业)客户；(产业)专家；(天使)投资人；互补性资源（互补性技术+市场资源）提供者；政府(产业促进者)
		策略：(建立)感知策略；(技术+市场+规范)结盟策略		策略：(建立)感知策略；(技术+市场+规范)结盟策略

* 图表来源：作者整理。

基于上述分析可知，在项目场景化阶段，应用方案创新导向的新兴技术创业企业需要承接来自不同行业的项目，此时其主要面临的是技术合法性挑战，它需要面对的合法性关键听众是客户，采用感知策略和杠杆策略来获取技术合法性；在场景产品化阶段，其主要面临的是产品合法性挑战，需要面对的合法性关键听众是客户，采用感知策略和杠杆策略来获取产品合法性；在产品平台化阶段，其主要面临的是平台合法性挑战，需要面对投资人、客户、专家、互补性资源提供者以及政府等五类合法性关键听众，采用结盟策略和感知策略来构建平台合法性。

三、两类技术创新导向的新兴技术创业企业合法化过程跨案例对比

技术创新导向的新兴技术创业企业作为一种典型的技术驱动型的技术创业企业，尽管在实际的新兴技术商业化过程中，企业会因自身对由"初始资源禀赋-创业机会警觉"构成的创业机会空间感知的不同，选择不同的业务开发方式，但是其新兴技术商业化实践都是围绕着为技术寻找市场机会、将技术能力转化成产品能力以及对产品进行大规模市场验证三个环节展开。基于上述对两类技术创新导向的新兴技术创业企业合法化过程的案例内分析，接下来将遵循直接复现①逻辑[222]进行跨案例对比分析（见表5-17），具体如下：

首先，在为技术寻找市场机会阶段，尽管底层技术创新导向的新兴技术创业企业与应用方案创新导向的新兴技术创业企业选择了不同的业务开发方式，即前者通过在各类公开场合和社会关系网络中宣传某一新兴技术的性能优势和商业化潜力来获得专家背书，进而吸引天使投资人，从而获

---

① Yin（2009）[222]指出，在直接复现（direct replication）中，预期两个或更多案例经历的事件过程极其相似，因而它们在概念意义上（而非字面意义上）重复或复现了彼此的经历。

得资金支持以推动其在某个或多个潜在应用场景中进行技术商业可行性孵化；而后者则是利用与不同客户开展项目合作的机会，通过技术方案在不同项目间的迭代式复制，提炼出存在于不同项目中的共性场景，从而完成技术商业可行性孵化，但两者都是在为新兴技术匹配适合的应用场景。由于新兴技术的突破式新颖性和高度不确定性导致其技术身份有待明确[12]，因而这两类技术创新导向的新兴技术创业企业在为技术寻找市场机会阶段，都要面对来自技术合法性的挑战，它们可以通过原型产品或项目方案的形式展示技术性能从而建立或改变合法性关键听众对技术身份的感知，也可以利用创始人/团队的社会资源去撬动嵌入在社会网络中的利益相关者的社会资源，为企业背书或者通过企业的技术研发能力获得战略/项目合作的机会，从而获得合法性关键听众对技术的性能优势和商业化潜力的认可。值得注意的是，在为技术寻找市场机会阶段，杠杆策略往往需要与感知策略配合使用。因为此时公众对新兴技术的技术身份尚未形成统一的认识，并且新兴技术初创企业尚未将新兴技术物化为真正意义上的产品，所以需要通过感知策略向合法性关键听众展示一个有吸引力的原型产品或解决方案，将新兴技术成功地"营销"出去。两种策略的配合使用，使得技术创新导向的新兴技术创业企业在"双重新进入缺陷"的困境下，能够将企业自身高价值、稀缺、不易模仿的技术资源与中等价值、非稀缺、高同质化的社会资源进行"创业拼凑"[251]，从而获得利益相关者对企业技术能力以及新兴技术商业化潜力的认可，跨越技术合法性门槛，以较低的成本获得新兴技术商业化所需的互补性资源。通过上述分析提出命题1：

命题1：在为技术寻找市场机会阶段，技术创新导向的新兴技术创业企业采取感知策略为新兴技术塑造技术身份；采取杠杆策略撬动嵌入在社会网络中的社会资源为新兴技术的性能优势和商业化潜力背书，以及两种策略的组合来应对技术合法性挑战。

其次，将技术能力转化成产品能力阶段是技术创新导向的新兴技术创业企业实现从技术能力到产品能力这一能力跃迁的关键阶段。根据 Moore (2002)[252]的技术采用生命周期理论可知，新兴技术商业化过程中出现的第一个"鸿沟"存在于创新者与早期采用者之间，新兴技术创业企业能否成功跨越这一鸿沟，关键在于能否完成从技术能力到产品能力的能力跃迁。在技术能力转化成产品能力阶段，技术创新导向的新兴技术创业企业主要面对来自（示范性）产品合法性的挑战，如果其研发的（示范性）产品获得了合法性关键听众的认可，就标志着其完成了能力跃迁，并且跨越了新兴技术商业化过程中的第一个"鸿沟"。由于业务开发方式的不同，底层技术创新导向的新兴技术创业企业与应用方案创新导向的新兴技术创业企业所选择的新兴技术商业化路径也不同。底层技术创新导向的新兴技术创业企业选择与领先用户合作共同定义和开发产品。通常，领先用户往往是其所在行业内的头部企业，其需求立足于填补产业内的某一技术空白或突破某一技术瓶颈，并且在产品研发的过程中没有可供参考的示例，所以能够实现领先用户预期效果的产品是颠覆性的，同时，领先用户也将成为新兴技术创业企业在某一行业的灯塔客户。为颠覆性产品获取合法性，新兴技术创业企业从研发到生产既要遵循现行的行业标准（即与标准趋同，强调一致性），又要满足领先用户的需求（即与现有产品有区分，强调差异化）。在"求同"与"存异"的两种张力的作用下，新兴技术创业企业可以采取补偿协奏的方式，即在部分维度上偏离并在其他维度上保持一致；或者采取整合协奏的方式，即差异化地组合一致性维度，来实现"求同"与"存异"的战略平衡[253]。于是，底层技术创新导向的新兴技术创业企业采取了依从策略，在产品研发过程中紧密契合领先用户的需求，达到甚至超出领先用户对产品性能的预期，体现产品所具有的颠覆性特征；同时，在产品制造过程中，还要遵循现行的制造工艺标准，但是往往囿于自身的资源困境，底层技术创新导向的新兴技术创业企业可以将杠杆策略与结盟策略组合使用，借助领先用户的企业声誉为其带来的合法性溢出效应和/或通过领先用户的社会资源，从而获得与互补性资源提供者合作的机会或来自战略投资人的互补性资源对接。对应用方案创新导向的新兴技术创业企业来说，其技术能力向产品能力的跃迁是贯穿在将项目经验和技术能力转化成标准化产品这一过程中的。标准化产品是面向某一应用场景提出的通用性解决方案，而应用方案创新导向的新兴技术创业企业正是通过场景产品化的模式，让更多客户接受它所提出的通用性解决方案。因此，在将技术能力转化成产品能力阶段，应用方案创新导向的新兴技术创业企业同样也要面对来自产品的合法性挑战，即其为每一个场景推出的标准化产品能否满足该场景下大多数客户的需求，能否为客户带来预期的收益。因此，应用方案创新导向的新兴技术创业企业可以将感知策略和杠杆策略进行组合使用，借助灯塔客户的企业声誉和标杆效应为产品背书，同时，采取感知策略，用灯塔客户做示范向一般客户展示产品性能，并且传达明确的产品定位。通过上述分析提出命题2和命题3：

命题2：在将技术能力转化成产品能力阶段，底层技术创新导向的新兴技术创业企业采取依从策略，达到甚至超出领先用户对产品性能的预期；采取杠杆加结盟的组合策略，借助领先用户的企业声誉或社会资源，获得与互补性资源提供者合作的机会或者战略投资人的投资，进而获得研发和生产所需的互补性资源，从而应对产品合法性挑战。

命题3：在将技术能力转化成产品能力阶段，应用方案创新导向的新兴技术创业企业采取杠杆加感知的组合策略，借助灯塔客户的企业声誉和标杆效应为产品背书，获得一般客户对产品品质的认可；同时，采取感知策略，通过产品性能向客户传达明确的产品定位，从而应对产品合法性挑战。

最后，对产品进行大规模市场验证阶段，是验证产品的目标市场需求是否真实、刚性、巨大。Moore（2002）[252]在其技术采用生命周期理论中指出，新兴技术商业化过程中的第二个更加巨大的"鸿沟"出现在早期采用者与早期大众之间。早期采用者想要买到的是变革性产品，因此愿意付出学习成本并对产品瑕疵报以包容的态度，而早期大众希望买到的是能够以极低的学习成本甚至是零学习成本实现效率提升或成本降低的产品，并且希望在保证产品正常使用的前提下，不会颠覆其现有的企业经营方式。由此可见，如果新兴技术创业企业通过了产品大规模市场验证阶段，就标志着其跨越了新兴技术商业化过程中的第二个"鸿沟"。由于业务开发方式的不同，底层技术创新导向的新兴技术创业企业的产品常以具体配件或成品的产品形态问世；而应用方案创新导向的新兴技术创业企业的产品常以服务的产品形态出现，为了满足大部分客户的需求，需要将服务标准化，但是如果要尽可能多地并且更好地满足客户的需求，就需要在标准化的基础上为客户定制服务，即提供标准化定制服务。因此，应用方案创新导向的新兴技术创业企业常以搭建产品开发平台的业务模式，提供适用于多应用场景的标准化产品模块，然后根据每位客户的具体需求提供定制化服务。在本研究中，尽管两个技术创新导向的新兴技术创业企业研究对象，一个是为智能网联汽车这一新的市场品类提供配件产品的企业，其目标市场是智能网联汽车这一新兴市场；而另一个是为工业物联网提供位置服务的企业，其产品开发平台服务的是位置物联网这一新兴市场，但是，它们在产品大规模市场验证阶段都面临着来自新兴市场的合法性挑战。只不过，本研究中的应用方案创新导向的新兴技术创业企业所服务的目标市场被具象为一个产品开发平台①。因而，这两类技术创新导向的新兴技术创业企业在对产品进行大规模市场验证阶段，为应对（新兴）市场合法性挑战，可以采取结盟策略，通过融合成熟的互补性技术来完善产品功能，或者作为功能模块嵌入到成熟的互补性产品中，使之成为功能更加完善的产品，同时要与市场资源提供者合作，借助更多的市场渠道进行产品的市场验证，更为关键的是要与同行企业以及互补性技术提供者联合共同发起新的行业标准，来推动新兴市场的发展。值得注意的是，潜在的结盟伙伴可能存在于不同的产业生态系统中，新兴技术创业企业需要通过结盟策略将已建立起来的技术合法性和产品合法性扩散到其他产业生态系统中，从而为推动产品大规模市场验证奠定合法性基础，同时为获取（新兴）市场合法性进行合法性积累。而潜在结盟伙伴的生态位（niche）、结盟双方互补性的性质（例如：非通用的独特互补性、非通用的超模互补性）[254]、方向性（单向、双向），以及结盟关系（relationship）的类型（例如：市场结盟、技术结盟、标准结盟）与强度，都会影响结盟策略的实施过程和效果。此外，技术创新导向的新兴技术创业企业还可以采取感知策略，通过让新兴市场中的市场需求与人们的生产生活建立紧密且深刻的连接，从而让人们对新兴市场中市场需求的普遍性和必要性形成共识。通过上述分析提出命题4：

命题4：在对产品进行大规模市场验证阶段，技术创新导向的新兴技术创业企业采取感知策略让客户对新兴市场需求的普遍性和必要性形成共识，从而产生购买产品的意愿；采取结盟策略，与互补性技术提供者合作

---

① 路风（2018）将产品开发平台定义为以产品开发为目标的技术活动系统，它的产出是双重的——推向市场的产品和积累于组织内部的技术能力。因此，产品开发平台是工业技术进步的组织机制。只有进行产品开发并为此而建立产品开发平台，一个工业组织才可能产生、延续并增强技术能力，达到能够不断创新的水平。平台是双边的甚至是多边的。产品开发平台的用户，既是生产者又是消费者。

以完善产品功能更好地满足新兴市场需求、与市场资源提供者合作以获得更多的市场渠道对新兴市场中的产品进行市场验证、与同行企业以及互补性技术提供者联合发起行业标准以推动新兴市场的发展，来应对市场合法性挑战。

第五节　技术创新导向的新兴技术创业企业合法性获取策略及策略形成机制

基于上述分析可知，技术创新导向的新兴技术创业企业在推动新兴技术商业化过程的三个阶段，应对不同的合法性挑战采取了不同的合法性获取策略，接下来，将从制度逻辑视角对每一种策略的形成机制进行分析。

一、感知策略

感知策略强调通过改变或建立合法性关键听众对合法性对象的感知，包括文化-认知感知、行业规范感知以及制度/政策感知[255]，从而获得合法性关键听众对合法性对象（例如：技术潜力、产品品质以及市场前景）的认可。该策略适用于合法性关键听众对合法性对象的感知尚未建立，或者与新兴技术创业企业所期望其拥有的合法性感知不一致时的情境。在T-1公司的案例中，T-1公司面对遵循专业逻辑的技术专家，通过向其展示UWB技术在室内高精度定位应用场景中的性能优势，改变其对UWB技术在短距离无线通信应用领域的成本劣势的认知，即性能优势带来的收益高于成本劣势造成的损失。由此可见，改变感知策略的形成机制是用合法性关键听众遵循的主导逻辑（如专业逻辑中的技术逻辑）来替换被视为理所应当的固有认知中的主导逻辑（如市场逻辑中的成本逻辑），即替代机制。

还是在 T-1 公司的案例中，T-1 公司面对遵循市场逻辑的智能网联汽车的终端消费者，让其建立起汽车能够像智能手机一样成为人们生活中一个重要的智能终端的认知，即让消费者使用智能手机时享受的人机智能交互体验扩展到驾驶汽车的场景中。而在 T-2 公司的案例中，T-2 公司用共性场景向遵循市场逻辑的企业客户（项目方）展示其技术解决方案的同样能以高性价比的方式满足他们的需求。由此可见，建立感知策略的形成是将合法性关键听众遵循的主导逻辑（如市场逻辑中的消费体验逻辑或性价比逻辑）从一个场域扩展到另一个场域中，即扩展机制。

二、杠杆策略

杠杆策略强调利用创始人/团队的社会资源撬动嵌入到创始人/团队社会网络中的利益相关者（包括投资人、客户、互补性资源提供者等）的社会资源，或者借助利益相关者自身合法性的溢出效应，为新兴技术创业企业背书，从而获得合法性关键听众对合法性对象（例如：技术潜力、产品品质以及市场前景）的认可。杠杆策略使用的前提是存在具有较高的合法性水平的利益相关者作为合法性支点，并且利益相关者与合法性关键听众受相同的主导逻辑影响。在 T-1 公司的案例中，T-1 公司获得了遵循专业逻辑的灯塔客户上汽的认可，而上汽自身的合法性溢出效应及其对 T-1 公司的背书，使得同样遵循专业逻辑的战略投资人盛路通信也认可了 T-1 公司的 UWB 技术实力。在 T-2 公司的案例中，出现了类似的情形。T-2 公司为武汉京东方开发了基于位置的智慧工厂解决方案，得到了遵循专业逻辑的灯塔客户武汉京东方的认可，而武汉京东方的标杆效应，使得 T-2 公司随即获得了北京京东方和合肥京东方对其基于位置的智慧工厂解决方案认可。由此可见，杠杆策略的形成机制是通过撬动作为合法性支点的利益相关者的社会资源或借助其合法性溢出效应，获得与利益相关者遵循相同主导逻辑的合法性关键听众的认可，在这个过程中，利益相关者的主导逻辑吸纳合法性对象的主导逻辑，使得合法性对象的主导逻辑被利益相关者的主导逻辑同化，从而与合法性关键听众的主导逻辑保持一致，即同化机制。值得注意的是，同化机制包含两类——异质性同化和同质性强化。异质性同化指合法性对象与利益相关者遵循不同的主导逻辑，当同化机制发生时，利益相关者遵循的主导逻辑占上风，吸纳了合法性对象遵循的主导逻辑，可表示为 a（被同化前合法性对象遵循的主导逻辑）→B（利益相关者遵循的主导逻辑）→B（被同化后合法性对象遵循的主导逻辑）；而同质性强化指合法性对象与利益相关者遵循相同或相似的主导逻辑，当同化机制发生时，利益相关者遵循的主导逻辑占上风，吸纳并强化了合法性对象遵循的主导逻辑，可表示为 a（被同化前合法性对象遵循的主导逻辑）→A（利益相关者遵循的主导逻辑）→A（被同化后合法性对象遵循的主导逻辑）。

三、结盟策略

结盟策略本质上是互补性资源交换，通过获得互补性资源（例如：互补性技术、市场资源以及合规资质）提供者对合法性对象（例如：技术潜力、产品品质以及市场前景）的认可，与之结盟共同推动新兴技术商业化且共享收益。新技术创业企业作为创新者，可以逆向寻找已经天然具备较高合法性的互补性资源提供者，并与之结盟从而获得合法性；此外，还可以与其他创新者结盟，共同推动新兴技术商业化进程，从而使二者的合法性水平都得到提升。由此可见，结盟策略可分成同质性结盟和异质性结盟两种。同质性结盟是指合法性对象与互补性资源提供者拥有的资源类型相同，二者所遵循的主导逻辑也相同，故同质性结盟策略的形成机制是同质性混合机制，可表示为 a_1（合法性对象遵循的主导逻辑）+ a_2（互补性资源提供者遵循的主导逻辑）→A（混合后二者遵循的主导逻辑）；异质性结盟是指合法性对象与互补性资源提供者拥有的资源类型不同，二者所遵循的主导逻辑也不同，故异质性结盟策略的形成机制是异质性混合机制，可表示为 A（合法性对象遵循的主导逻辑）＋B（互补性资源提供者遵循的主导逻辑）→AB（混合后二者遵循的主导逻辑）。在 T-1 公司的案例中，T-1 公司与室外高精度定位技术提供方千寻科技二者在技术上互补，且在寻找合作方时都遵循相同的主导逻辑，因此二者的合作属于同质性结盟。在 T-2 公司的案例中，T-2 公司通过与业内知名企业搭建的物联网平台结盟，相互之间开放接口，借助对方业内影响力和市场资源，提升自身平台的合法性水平，属于异质性结盟。

四、依从策略

依从策略强调社会行动者与现有社会结构（包括社会运行的脚本、规则、规范、价值观和模式）的要求和期望相一致。因此，新兴技术创业企业采用依从策略时，应与合法性关键听众所遵循的制度逻辑保持一致，即同步机制。在 T-1 公司的案例中，T-1 公司主要采取依从策略，与灯塔客户上汽所遵循的专业逻辑保持一致，设计出满足上汽需求的自主泊车方案，还与上汽所遵循的效率逻辑保持一致，在研发周期上完全配合上汽荣威 EP21H 车型的生产排期。

本章小结

本章通过扎根理论的分析方法，识别出了底层技术创新导向和应用方案创新导向的新兴技术创业企业在不同的新兴技术商业化阶段，所面对的合法性挑战类型，以及应对合法性挑战所采取的合法化策略。在此基础上，运用跨案例对比研究的方法，提出了技术创新导向的新兴技术创业企业在新兴技术商业化的不同阶段应采取的合法性获取策略的命题，提高了结论的推广性，并且从制度逻辑视角剖析了技术创新导向的新兴技术初创企业合法性获取策略的形成机制。

第六章

市场创新导向新兴技术创业
企业合法性获取策略

新兴技术创业企业除了通过不断的技术创新推动新兴技术商业化外，还可以以市场创新为导向，将某一项新兴技术或是其实现思想应用到商业模式的创新之中，推出新的市场类属或孕育一个全新的市场，为企业和社会创造价值。本章将以通过理论抽样筛选出的探索型市场创新导向和利用型市场创新导向的两家新兴技术创业企业为案例研究对象，辨析市场创新导向的新兴技术创业企业在新兴技术商业化过程中的每一个阶段，为克服"双重新进入缺陷"所面临的不同类型的合法性挑战，以及为了应对合法性挑战，争取合法性关键听众的认可与支持，所采取的一系列合法性获取策略。在此基础上，根据第四章提出的合法性获取策略的制度逻辑编排模型，揭示每一种合法性获取策略的形成机制。

第一节　问题提出

从 20 世纪 90 年代中期开始，随着互联网技术的兴起和应用的日益普及，电子商务、电子政务、网络社交以及在线教育等新兴市场快速崛起，它们是传统市场里的一个新类属，并迅速发展成一个独立的新市场。由此可见，在当时，互联网技术及其实现思想推动了大量的商业模式创新。现如今，在我国政府的大力推动下，以人工智能、物联网和区块链为代表的新一代信息技术，正与实体经济深度融合，催生了新市场与新业态。参与其中的新兴技术创业企业，用技术构建新的商业模式，将新业务推向新市场。这一过程存在着来自新技术、新业务和新市场的合法性挑战，探索型市场创新导向和利用型市场创新导向的新兴技术创业企业将如何应对这些合法性挑战？这两类企业的合法性关键听众是谁？合法性获取策略存在何种差异？以及每一种合法性获取策略的形成机制是什么？本章将打开市场创新导向的新兴技术创业企业合法化过程黑箱，对比在两种不同类型的市场创新导向的新兴技术商业化路径下的创业企业合法化过程的差异，提出相应的过程模型。

第二节　研究设计

首先，采用诠释主义案例研究范式，分别对探索型市场创新导向和利用型市场创新导向这两类不同市场创新导向的新兴技术创业企业合法性获取过程进行分析，通过对典型案例的案例内研究，涌现出相应的合法性获取策略。然后，采用实证主义案例研究范式进行跨案例对比研究，从而获得能够在一定范围内推广的适用于市场创新导向的新兴技术创业企业的合法性获取策略以及策略形成机制。

一、研究样本

本研究根据是否经历了新兴技术商业化全过程、所面对的合法性挑战及其关键听众是否具有代表性、两个案例是否属于极化类型，以及数据可获得程度等 4 项标准进行理论抽样，选择 M-1 公司和 M-2 公司作为研究样本。M-1 公司是一家民营企业，同时也是国内较早一批从事区块链技术商业化探索的企业中的一员。从 2014 年至今，M-1 公司利用区块链技术和技术实现思想，自主研发"保全链"，将区块链技术与司法公信力相结合，为客户在签署电子合同或确权数字作品时带来低成本高效率的司法保护，并在创业早期就已实现企业盈利。M-2 公司是一家公司创业企业，其控股公司成都音像出版社有限公司（以下简称"成都音像"）是一家国有企业。2019 年，成都音像响应国家号召创立 M-2 公司，以期利用自身多年来在传统音像行业的资源优势，推动区块链技术在音像行业的应用落地。由此可见，两家创业企业都在从事区块链技术商业化实践，并且有重叠的业务领域，但是由于两家企业创业动机和资源禀赋不同，它们选择了两种不同的市场创新导向的技术商业化路径，这使得它们采取了不同的合法化策略。因此，两家企业是用作对比研究较为理想的样本，两家企业的基本信息，如表 6-1 所示。

表 6-1　市场创新导向的两家新兴技术创业企业基本情况

企业	成立时间	性质	主营业务	市场创新导向
M-1 公司	2014.04	民营企业	在知识产权保护、电子合同签约以及互联网公正等应用场景中开展基于区块链技术的电子数据固化存证及其衍生业务	基于"区块链+司法+应用"的业务拓展模式，进行探索型市场创新实践
M-2 公司	2019.09	国有控股企业	基于区块链技术，开展数字作品的线上审核、确权、分发与交易业务	整合行业资源，围绕构建"数字版权全产业链生态"，开展利用型市场创新实践

＊图表来源：作者整理。

二、数据分析

本章同样采用程序化扎根理论的编码方式[238]，通过让案例数据与相关文献进行反复对话，确定了"合法性挑战""合法性关键听众"和"合法性获取策略"三大主题，在此基础上进一步完成了分阶段和迭代式编码。为了确保编码的可靠性，同样综合运用了背靠背编码、专家挑战以及信息源回访三种策略，编码过程中所涉及的具体策略使用可参见第五章第二节研究设计中的"数据分析"部分，在此不再赘述。

三、可靠性与效度

为保证研究过程的严谨性和研究结果的可信性，本章采取了与第五章相同的提升研究可靠性和效度的策略，具体可参见第五章第二节研究设计中的"可靠性与效度"部分，在此不再赘述。

第三节 案例描述

一、M-1 公司

M-1 公司创始人（董事长兼总经理）毕业于哈尔滨工业大学，曾担任世纪互联数据中心有限公司（网络空间基础设施服务提供商，于 2011 年在美国纳斯达克上市）内容分发网络事业部技术管理总监，以及国内多家知名第三方支付公司高管，是网络基础系统建设、网络安全风险管理和信息安全领域的专家。凭借十余年网络信息安全领域的从业经验和商业敏感度，他于 2014 年创办 M-1 公司，开展电子数据保全相关业务。M-1 公司自创立至今，先后推出"君子签"、"微版权"和"仲裁宝"三大产品品牌，分别面向电子合同签约与存证、数字版权确权与维权以及互联网仲裁三个区块链技术应用场景，目前拥有 17 项发明专利和 38 项软件著作权，获得 6 项 CNAS① 资格认证、ISO27001 信息安全体系认证、公安部等保三级认证、重庆市"三高"企业以及国家"双高"企业等资质，并陆续在北京、上海、杭州、长沙、广州、深圳设立分支机构。

根据 M-1 公司的创业历程，本研究将其划分为三个阶段：

第一阶段（2014—2015 年）——市场机会探索与基础产品开发阶段。在这一阶段，M-1 公司创始人依据自身在网络信息安全领域多年积累的从业经验，敏锐地发现"数字化时代已经到来，新的经济形态会在数字化世界里不断涌现出来，势必会暴露出新的问题。新形势下的新问题，需要探索新的解决办法"，并且预测"电子数据保全在数字化时代的商业活动中将逐渐成为一种刚需，拥有广阔的市场空间"。于是，2014 年，他创办 M-1 公司，围绕"电子数据证据化"开展业务。基于对区块链技术和其技术思想的理解，M-1 公司技术团队选择区块链技术为电子数据确权与存证提供技术方案支持，自主研发了超级哈希摘要链——区块链 V1.0，推出两款基础产品，即为数字原创作品确权的"原创保"和对电子合同进行在线存证的"合同保"。这两款基础产品是 M-1 公司探索"电子数据证据化"市场机会迈出的第一步。

第二阶段（2015—2017 年）——业务场景挖掘与产品谱系构建阶段。在这一阶段，两款基础产品"原创保"和"合同保"的市场需求已经得到验证，但是这两款基础产品仅能分别满足数字版权保护和电子合同保全两个场景中的一个需求点。因此，M-1 公司决定对这两个场景中的需求进行深度挖

---

① CNAS, China National Accreditation Service for Conformity Assessment，是中国合格评定国家认可委员会的英文缩写，是由国家认证认可监督管理委员会批准设立并授权的国家认可机构，统一负责对认证机构、实验室和检验机构等相关机构的认可工作。

掘，并在 IBM 的 Fabric 基础架构上进行二次开发，将区块链 V1.0 升级到混合区块链 V2.0，接入公证处、司法鉴定中心、CA 机构①以及版权局等节点，为产品提供技术支撑和合法性背书，逐步构建出两个场景中的产品谱系，以及与之相对应的两个独立的产品品牌"微版权"和"君子签"。

第三阶段（2018—2021 年）——业务场景拓展与企业品牌塑造阶段。在这一阶段，国家大力推动区块链技术在各行业的应用落地，并将发展区块链技术上升为国家战略。这让 M-1 公司看到了"数据证据化"的市场空间将迎来快速增长。于是，高层决策团队决定整合企业技术能力和产品能力，进行业务场景横向拓展。一方面，利用腾讯块链框架 TrustSQL 并结合自主发明专利，研发开放区块链 V3.0（即保全链），引入公证处、仲裁委、互联网法院、版权局、司法鉴定中心和 CA 机构作为联盟链上的节点，搭建成一个完善的第三方存证、增信、鉴真的区块链基础设施服务平台；另一方面，基于"区块链+司法"的技术能力和产品能力，M-1 公司开发了网络仲裁业务场景，推出"仲证保"为互联网金融借贷业务提供网上公证和仲裁服务，随后又推出"业务通"以满足日益增长的小微企业业务数字化改造需求。随着产品谱系搭建完成，M-1 公司"创新'区块链+'政企数字化赋能者"的企业品牌形象得以确立。这一期间，M-1 公司在 2018 年入选工信部公布的《2018 年工业互联网试点示范项目名单》，2020、2021 连续两年入选《重庆市工业互联网和智能制造服务商资源池名单》，其企业品牌的业界认可度逐步提升。M-1 公司各阶段标志性事件如表 6-2 所示。

---

① CA 机构，证书授权（Certificate Authority）中心，是电子商务交易中受信任的第三方，承担公钥体系中公钥的合法性检验责任。CA 机构为每个使用公开密钥的用户发放一个数字证书，数字证书的作用是证明证书中列出的用户合法拥有证书中列出的公开密钥。CA 机构的数字签名使得攻击者不能伪造和篡改证书。它负责产生、分配并管理所有参与网上交易的个体所需的数字证书，因此是安全电子交易的核心环节。

二、M-2 公司

2019 年，成都音像将"数字版权综合服务平台"从"天府 TV 全媒体生态系统"中的独立出来，并创立 M-2 公司对其实行公司化运作。本研究把 M-2 公司将区块链技术应用到数字版权领域的创业过程分为两个阶段：

第一阶段（2019—2020 年）——构建联盟身份以整合产业资源。M-2 公司作为成都音像的控股子公司，凭借其母公司的资源优势，2019 年 12 月在第一届成都数字版权交易博览会（以下简称"数博会"）上发布利用区块链技术构建的数字版权区块链综合服务系统"斑马链"（B-MARK CHAIN），先后接入内容生产节点（"3CTools"内容智能生产云平台）、内容审核节点（"审核通"内容审核平台）、版权交易节点（"斑马"去中心化交易平台）、政府监管节点（成都市版权局数字版权综合服务平台）、维权服务节点以及司法节点等八个联盟节点，基本实现了全流程贯通。2020 年 11 月由成都音像牵头倡议发起的中国数字版权产业联盟正式成立，"斑马链"的身份被重新定义为"中国数字版权联盟链"。

第二阶段（2021 年——）——凭借联盟身份以开拓产业链市场。2021 年 9 月，在第三届成都数字版权交易博览会上，斑马链正式升级为"斑马中国数字版权产业生态平台"，并树立起"斑马中国——从创意到交易"的品牌形象，业务涵盖数字版权产业链上创意生产、内容审核、登记确权、监测维权、传播交易以及数字资产管理六个环节。2021 年底，藏品发售平台"斑马星球"和数字化价值传播生态体系"斑马虚拟社区"内测，以期打造基于交互社交场景的垂直社群，实现内容生产与实体消费的互通互联。M-2 公司各阶段标志性事件如表 6-3 所示。

表 6-2　M-1 公司区块链技术商业化各阶段标志性事件

	第一阶段 市场机会探索与基础产品开发（2014-2015）	第二阶段 业务场景挖掘与产品谱系构建（2015-2017）	第三阶段 业务场景拓展与企业品牌塑造（2018-2021）
标志性事件	1. 2014.04-07 区块链 V1.0 上线，推出"原创保"和"合同保"； 2. 2014.10 对接重庆市渝信公证处。	1. 2015.04 与东方中讯（CA 机构）达成战略合作，推出"日志保"和"凭证保"； 2. 2015.05 对接重庆市司法鉴定中心； 3. 2015.06 接入重庆市公安局取证系统，推出"取证保"； 4. 2015.07 混合区块链 V2.0 上线； 5. 2015.10 推出"君子签"； 6. 2016.01 对接版权局，推出"微版权"； 7. 2017.09 成为《电子数据保全行业公约》标准起草单位。	1. 2018.01 对接珠海仲裁委，推出"仲证保"； 2. 2018.02 开放区块链 V3.0（即保全链）上线； 3. 2018.11 入选"2018 年度中国创客 50 强"、重庆市经信委公布的《2019 年工业互联网（工业智能化）试点示范项目名单》； 4. 2018.12 入选工信部公布的《2018 年工业互联网试点示范项目名单》； 5. 2019.03 获批国家互联网信息办公室（网信办）公布的第一批区块链信息服务名称及备案编号； 6. 2019.09 对接广州互联网法院，为合同和版权纠纷类案件完成证据事前上链、高效立案； 7. 2019.12 推出"业务通"； 8. 2020、2021 连续两年入选《重庆市工业互联网和智能制造服务商资源池名单》。

＊图表来源：作者整理。

表 6-3　M-2 公司区块链技术商业化各阶段标志性事件

	第一阶段 构建联盟身份以整合产业资源（2019-2020）	第二阶段 凭借联盟身份以开拓产业链市场（2021 至今）
标志性事件	1. 2019.12 在第一届数博会上发布"斑马链"； 2. 2020.11"斑马链"迎来新身份"中国数字版权联盟链"； 3. 2020.11 与中国网安达成战略合作，斑马链接入四川省区块链基础设施"蜀信链"。	1. 2021.09 在第三届数博会上"斑马链"正式升级为"斑马中国数字版权产业生态平台"； 2. 2021 年底"斑马星球数字藏品发售平台"和"斑马虚拟社区"内测。

＊图表来源：作者整理。

第四节 市场创新导向的新兴技术创业企业合法化过程

一、探索型市场创新导向的新兴技术创业企业合法化过程

（一）市场机会探索与基础产品开发阶段

1. 合法性挑战与合法性关键听众

M-1公司在创业之初进行市场机会探索时，发现了在互联网上有两个潜在需求，一是为互联网上的原创作品确权；二是为在互联网上签署的电子合同存证。首先，这两个潜在的市场需求的底层业务诉求都是实现"电子数据证据化"，即要建立业务的规制合法性。其次，在公众的框架①中，"证据"必须具有法律效力，所以要为业务建立认知合法性，使种子客户认可被一家民营企业保全过的电子数据所具有的法律效力。第三，新业务还要具备实用合法性，即让种子客户切实感受到新业务模式能够为其解决现实问题（痛点）和/或增加收益。因此，在市场机会探索与基础产品开发阶段，M-1公司面临着来自业务的规制合法性挑战、认知合法性挑战和实用合法性挑战，需要通过合法化策略获得公权力机构背书和种子客户认可。

---

① 框架，作为文化工具的一种形式，是普遍的象征性构建，用于阐明社会行动者如何策略性地使用修辞来建构意义和赋予意义（Fiss and Hirsch, 2005）。社会中普遍存在的竞争性制度逻辑会导致不同的框架（Meyer and Hollerer, 2010）。社会运动理论将框架作为动员变革的文化资源，用以产生文化共鸣和形成团体认同（Snow and Benford, 1988）。

2. 合法性获取策略

在市场机会探索与基础产品开发阶段，M-1公司的合法性获取策略包括两种，一种是使用规范依从策略，通过技术手段确保业务开展的各流程符合行业规范和法律要求，从而建立起业务的规制合法性；另一种是使用修辞策略，通过各种框架的使用来说服合法性关键听众，得到他们的认可，从而建立起业务的认知合法性和实用合法性。具体而言，首先，M-1公司通过北斗卫星授时和数字证书身份认证以实现对数据的确权，同时使用区块链技术对保全数据进行加密传输及存储，确保保全过程安全。其次，M-1公司让公证处成为其区块链上的一个节点，增强保全数据公信力。公证处作为国家行政事业单位，其领导干部在行政管理场域中，一方面要按照相应的法律法规执行国家公证职能；另一方面要按照政绩考核要求履职。M-1公司强调改革逻辑，利用"创新"框架说服公证处领导响应中央推进"互联网+政务服务"号召，引入互联网公证业务，通过创新政务服务方式提高公证处政务服务能力和效率，从而提升个人政绩。第三，M-1公司混合市场逻辑和专业逻辑，对"先发优势"和"行业痛点"进行框架拼接，说服种子客户通过行业痛点预测市场的潜在需求，从而提前采取应对措施获得先发优势。由于M-1公司的种子客户主要来自两类平台型企业，一类是包括摄影、文学、音乐和游戏等在内的原创作品发布平台；另一类是互联网借贷平台。所以，对于原创作品发布平台来说，只有确保原创作品不被侵权，才能吸引更多的原创者在该平台上发布作品，进而吸引更多的读者付费阅读；而对于互联网借贷平台而言，只有通过签署具有法律效力的借款合同来保障债权人权益，才能吸引更多的债权人在该平台上投放资金。

M-1公司在市场机会探索与基础产品开发阶段合法化过程的开放式和主轴编码如表6-4、6-5所示：

表6-4 对市场机会探索与基础产品开发阶段的M-1公司
合法化过程的开放式编码部分示例

典型援引（原始数据）	概念	初始范畴
"要把电子数据上升为电子证据，需要我们自证清白，自圆其说……区块链技术的防篡改、防抵赖的特性，天生就能解决这个问题，我们就很自然地选择用这个技术去实现解决方案。"（YM3） "你要过公安部的等保三级，你要过国际上的ISO27001。这些标准会从你公司的治理结构、信息安全系统怎么布、怎么装、怎么来，有没有漏洞，全方位的审核等。审核通过了才会给你发证。"（YM1）	技术选择、资质认证	业务的规制合法性挑战
"我们能够快速抓住哪一个商业机会，我们就要从这个商业机会快速切入……当时就觉得互联网上有很多原创的作品容易被侵权，需要被保护，所以开发了'原创保'，但是它只能做确权，解决第一步遇到的问题……2013年是中国互联网金融元年，我们又预见到在电子合同领域会对合同保全有一个巨大的需求，尽管在那个时候监管机构还没有做出强制要求，于是2014年7月'合同保'上线。"（YM2）	解决问题、潜在需求	业务的实用合法性挑战
"我们做这件事情的时候特别早，社会对这件事还没有建立起普遍的认知，很难获得行业共鸣……电子数据证据化，在人们的认知中证据要具备法律效力，或者说只有具备了法律效力才能称得上证据。"（YM1）	普遍认知、行业共鸣	业务的认知合法性挑战
"要让电子数据证据化，所以我们想还是最好有一个提供信用背书的公权力机构。"（YM1）	公权力机构	行业监管者、改革推动者
"最早的客户主要是各类原创平台和P2P平台。小说网站、漫画网站、图片网站这些原创作品发布平台就可以和我们合作啊……那个时间段（2013-2016年间）不是都在搞互联网金融创新嘛，出现了好多P2P平台"（YM2）	早期客户、平台型企业	种子客户
"我们取得了开展网络信息安全相关业务的资质，比如：ISO27001就是国际信息安全认证，还有公安部等保三级认证，安全等级仅次于银行系统。"（YM1）	资质认证	规范依从

续表

典型援引（原始数据）	概念	初始范畴
"那时候李克强总理在谈'互联网+'。我就跟那个主任讲，'重庆这个公证处，如果按照这种方式经营下去，永远是赶不上上海的东方（上海市东方公证处）、北京的方圆（北京市方圆公证处）。您希不希望超过他们？'他说'当然希望啊！'我说'那就跟M-1公司合作，我就让您插上互联网的翅膀，您就有机会超过他们。即使不带来多少个案子，但是你公证处的知名度会得到极大的提升。因为我的上千万的个人用户会知道你。而且，既然李克强总理都在提"互联网+"，尤其是传统的领域，加上互联网的翅膀，我认为公证处这一块儿也应该做一些创新，也响应一下政府的号召嘛！'。"（YM1）	互联网+、创新	框架强化
"当时考虑叫'给你的投资人想要的安全感'。你凭什么吸引投资者到你的平台上买理财？我们直接给互金平台的老板讲，你们获客好难吧，你找个明星打广告多贵啊……我以公证处的名义给投资人发个短信，告知已被公证，投资人对你的平台的信任有没有提升？安全感就来了。这样你就比你的竞争对手有了先发优势。"（YM4）	先发优势、增加客户信任感	框架拼接

＊图表来源：作者整理。

表6-5　对市场机会探索与基础产品开发阶段的M-1公司合法化过程的主轴编码

副范畴	主范畴	构念内涵
业务的规制合法性挑战 业务的实用合法性挑战 业务的认知合法性挑战	业务合法性挑战	1. "业务合法性挑战"是指某一项新业务是否有符合相关行业规范和法律要求；是否能够为客户解决现实问题和/或增加收益；是否与公众的价值观和文化框架相一致。 2. 副范畴是业务合法性挑战的三个维度
种子客户	客户	1. 购买新业务的组织或个人。 2. 副范畴为客户的一种具体类型
行业监管者 改革推动者	政府	1. 为促进区域经济发展给企业提供政策支持，规范市场发展，制定行业标准以及资质认证等的各级政府部门或行政机构。 2. 副范畴为政府的两种组织身份
规范依从	依从策略	1. 与现有社会结构（包括社会运行的脚本、规则、规范、价值观和模式）的要求和期望相一致。 2. 副范畴为依从策略的一种具体做法

续表

副范畴	主范畴	构念内涵
框架强化 框架拼接	修辞策略	1. 指在不同制度逻辑框架的指导下，利用现有的关键词和词汇，让受众产生文化共鸣或感受到叙事的保真性。 2. 副范畴为修辞策略的两种具体的实施方法

＊图表来源：作者整理。

（二）业务场景挖掘与产品谱系构建阶段

1. 合法性挑战与合法性关键听众

M-1公司通过两款基础产品"原创保"和"合同保"，验证了"数据证据化"在数字版权保护和电子合同保全两个场景中的市场需求是真实存在的。但是，这两款产品只是分别解决了数字版权保护和电子合同保全两个场景中的一个需求点，并且仅以业务而非产品的形式面对种子客户，所以M-1公司决定对这两个场景中的需求进行深度挖掘，并围绕着这两个场景构建两个独立的产品谱系并为之建立品牌，以区分并强化二者的产品定位。

在业务场景挖掘与产品谱系构建阶段，M-1公司面临的合法性挑战主要来自产品。首先，产品要具备规制合法性，例如："微版权"的在线确权与出具数字版权证书、侵权监控与取证以及维权代理，都需要符合行业技术规范和相关法律要求。其次，产品要具备实用合法性，例如："君子签"的在线签约形式要符合用户在电脑端或手机端的使用习惯，同时也要满足签约双方对签约形式多样化的需求，从而降低用户的产品学习成本，提高针对不同签约场景的适用性以及签约效率。第三，产品要具备认知合法性，在这个阶段，市场上数字版权类和电子签约类产品大量出现，M-1公司要让用户对"微版权"和"君子签"两个产品品牌建立起区别于其他同类产品的清晰认知，给用户充足的产品选择理由。要克服以上产品合法性挑战，M-1公司需要争取为其产品提供规制合法性背书的权威机构认可，以及用户对产品的认可。

2. 合法性获取策略

在业务场景挖掘与产品谱系构建阶段，M-1公司的合法性获取策略包括两种，一种是规范依从策略，即基于区块链技术并融合其他技术手段，例如：人脸识别、数字证书、网络取证以及数据挖掘等，确保符合相应的技术规范以实现产品功能，从而为产品建立起规制合法性。另一种是使用修辞策略，通过各种框架的使用来说服合法性关键听众，得到其的认可。具体而言，首先，M-1公司让版权局、CA机构、司法鉴定中心以及公安局成为其区块链上的节点，为其产品实现相关功能提供权威支持，并增强其产品的公信力。地方版权局、司法鉴定中心、CA机构肩负着监管和规范行业行为的职责，而公安局则是打击行业不法行为的国家行政单位。因此，M-1公司用改革逻辑同化监管逻辑，将"创新"融入"监管"框架，说服相关组织机构负责人用新方法应对互联网领域涌现的新问题，创新监管方式，提高监管效能。其次，面对客户，M-1公司混合市场逻辑和专业逻辑，向潜在客户展示种子客户的成功案例，利用"竞争"框架向潜在客户传递一种"大势所趋，时不我待"的危机感，同时结合"专业"框架，向潜在客户展示自身所具备的行业资质以及"君子签"和"微版权"两款产品能为他们带来的价值。

M-1公司在业务场景挖掘与产品谱系构建阶段合法化过程的开放式和主轴编码如表6-6、6-7所示：

表6-6　对业务场景挖掘与产品谱系构建阶段的M-1
公司合法化过程的开放式编码部分示例

典型援引（原始数据）	概念	初始范畴
"'君子签'是围绕着电子合同的生命周期提供全证据链服务，在整个证据包里，包括签约的内容，签约过程的所有信息，以及上传的所有附件。还可以为这个合同买保险，设置合同到期提醒；提供法律服务里面是保全证书，拿着保全证书直接可以看原合同内容，还有司法出证，直接看得见——公证处、司法鉴定中心、仲裁委、M-1公司，四个机构摆在那儿，就可以证明真实性。"（YM2）	全证据链、司法出证、鉴真	产品的规制合法性挑战
"确权只是'微版权'的第一个环节，第二个环节叫侵权监测，第三个环节是侵权取证，就要把证据给取下来。我们还有第四个环节叫全风险代理，就是你不需要去自己找律师，你只要同意就点击，我们的人就直接帮你把官司打了，也不需要你花一分钱，我们全风险代理，这样一来就实现了整个业务的闭环。"（YM2）	业务闭环	产品的实用合法性挑战
"'君子签'的slogan（口号）是'始于签约但不止于签约，解决电子签署全过程问题'，给用户带来的价值点就是'在线签署快捷高效、数据存证加密防护、区块链专利技术安全可靠、司法服务合规合法'。'微版权'的slogan是'一站式知识产权保护平台，让每一份作品都值得保护'，它给用户的价值点突出'超快速确定作品权属、全网24小时监控侵权、全方位取证、零成本代理维权'。"（YM4）	品牌口号、产品价值点	产品的认知合法性挑战
"想成为我们区块链上的一个节点，前提条件就是这个机构要有公信力，否则不合作。我们现在节点有：公证处、司法鉴定中心、CA机构，就是电子数据认证中心，然后是版权局。"（YM1）	认证机构、鉴定机构	权威机构
"我刚才说的那几个领域，已经全都有客户，B2B、人力资源、保险、银行、互联网金融、物流、在线教育。说白了，在互联网上有交易的地方就一定有合同，只不过表现形式不同。"（YM2）	企业客户	企业客户
"区块链技术是基础，融合其他技术手段，包括人脸识别、数字证书、电子签章、多种取证技术以及数据挖掘等，这些技术首先性能要达标，就是让产品实现相应的功能，有些还要符合相应的行业技术规范。"（YM3）	符合技术规范	规范依从

续表

典型援引（原始数据）	概念	初始范畴
"确权这一步，以前传统的方式是版权局来做。随着互联网时代的到来，海量的确权案件涌来，版权局就搞不定了。版权局就要考虑用工作方式方法的创新，而且对于版权局来说，确权不是最终目的，最终目的是通过确权来监管侵权行为。政府部门最重要的一个职责就是监管监督，确保社会良性运转。比如说，互联网金融办管着这些互联网金融平台，就明确要求必须用第三方存证，必须做数字信息保全，必须要有电子签约，这些就成了强制性的了。之后又有新的政策出台了，病例必须要有签章，互联网旅游必须要签合同，还有保险签约时要求双录（2017年6月，银保监会发布了《保险销售行为可回溯管理暂行办法》，要求通过录音录像方式对保险销售过程进行可回溯管理，简称54号文）。"（YM1）	监管、创新	框架融合
"有成功的客户案例在那里摆着，你的竞争对手都用了，人家还比你做得好，你用不用？而且国家的相关政策也出台了，大势所趋啊，早晚都要上。"（YM5） "我们的'微版权'提供一站式的知识产权保护，在线确权、24小时侵权监测、多种侵权取证手段，还帮你代理维权，这些都体现了我们在这个领域的专业性。"（YM5）	大势所趋、竞争、专业	框架拼接

＊图表来源：作者整理。

表6-7　对业务场景挖掘与产品谱系构建阶段的 M-1 公司合法化过程的主轴编码

副范畴	主范畴	构念内涵
产品的规制合法性挑战 产品的实用合法性挑战 产品的认知合法性挑战	产品合法性挑战	1. "产品合法性挑战"是指应用了某一项新兴技术的示范性产品，是否符合现行的生产制造规范和同类产品的质量标准；是否需要付出收益无法覆盖的转移成本；是否相符合灯塔客户对它的期待。 2. 副范畴是产品合法性挑战的三个维度
企业客户	客户	1. 购买新产品的组织或个人。 2. 副范畴为客户的一种具体类型
权威机构	权威机构	获得政府相关监管部门认可的开展相关资质认证或专业鉴定的组织，有责任确保行使职责的权威性和公正性

续表

副范畴	主范畴	构念内涵
规范依从	依从策略	1. 与现有社会结构（包括社会运行的脚本、规则、规范、价值观和模式）的要求和期望相一致。 2. 副范畴为依从策略的一种具体做法
框架融合 框架拼接	修辞策略	1. 指在不同制度逻辑下的框架的指导下，利用现有的关键词和词汇，让受众产生文化共鸣或感受到叙事的保真性。 2. 副范畴为修辞策略的两种具体的实施方法

＊图表来源：作者整理。

（三）业务场景拓展与企业品牌塑造阶段

1. 合法性挑战与合法性关键听众

M-1 公司通过对数字版权保护和电子合同保全两个场景的深度挖掘，开发出"微版权"和"君子签"两条有独立品牌定位的产品线，逐渐形成了"区块链+司法能力+行业应用"的业务拓展模式，并建立起了相应的技术能力和产品能力。2018 年初，M-1 公司对接珠海仲裁委，使其成为联盟链上的节点，随即推出"仲证保"和数据保全区块链技术开放平台——"保全链"，这标志着一个完善的第三方存证、增信、鉴真的技术基础设施平台搭建完成，真正实现了"让电子数据成为可靠的电子证据"。随后，M-1 公司又上线了"业务通"，帮助企业完成商务流程数字化改造升级。然而，随着不同的产品线和产品品牌的建立，各产品品牌之间独立运作，无法整合品牌资源优势以应对激烈的市场竞争，M-1 公司需要建立一个统一的企业形象来面对客户和媒体，更需要以一个统一的组织身份参与行业协会事务、政府项目评比以及资质评定。因此，在这个阶段，M-1 公司面临的挑战是企业品牌合法性挑战，即 M-1 公司通过塑造企业品牌形象，体现企业的资质、能力和定位，从而获得合法性关键听众的认可。企业品牌合法性挑战具体包括企业品牌的规制合法性挑战（即企业品牌形象所传达的企业能力要符合行业规范和法律要求）、实用合法性挑战（即企业品牌形象所传达的企业使命要立足市场需求）、认知合法性挑战（即企业品牌形象要与公众的集体价值观和文化框架保持一致）。此时 M-1 公司主要面对的合法性关键听众是客户、政府以及行业协会。

2. 合法性获取策略

在业务场景拓展与企业品牌塑造阶段，M-1 公司的合法性获取策略包括三种：修辞策略、社会竞争策略以及结盟策略。具体而言，修辞策略是指利用不同制度逻辑下的框架来塑造企业身份，并且利用各种公开场合向公众传递企业品牌形象，例如：M-1 公司混合市场逻辑和专业逻辑，将"数字化赋能者"和"区块链+"进行框架拼接，塑造"创新'区块链+'政企数字化赋能者"的企业品牌形象，即用"数字化赋能者"的身份为政企客户降本增效创造价值，而"区块链+"是其技术手段和能力专长，并多次在国内大型行业展会中介绍自身在区块链技术应用创新中的实践。社会竞争策略是指通过参加权威组织（如政府）举办的行业评比活动，与业内知名企业同台竞技，获得权威组织的认可，从而提高企业品牌合法性，例如：M-1 公司的"区块链电子数据保全系统"参与竞选"工业互联网安全集成创新应用试点示范项目"，最终作为唯一的区块链落地应用项目入选工业和信息化部办公厅公布的《2018 年工业互联网试点示范项目名单》。结盟策略是指通过与业内知名组织（包括企业或专业组织）结盟，利用合法性溢出效应提高企业品牌合法性，例如：M-1 公司与"蜀信链"[①] 达成战略合作，成为"蜀信链"官方认可的生态应用合作伙伴。

M-1 公司在业务场景拓展与企业品牌塑造阶段合法化过程的开放式和

---

① "蜀信链"是由四川省经济和信息化厅主导，四川省发展和改革委员会支持，四川省区块链行业协会联合多地政府部门和重点企业共同参与建设，对外提供跨机构、跨系统可信、安全、高效信任协同的区块链服务基础设施，并且被列入《四川省"十四五"规划和 2035 年远景目标纲要》数字产业重点领域重点打造项目名单。2021 年 3 月，"蜀信链"全面接入由工信部专项资金支持，中国信通院牵头建设的"星火·网链"，成为首个接入的省级区域子链。——资料来源：https：//baijiahao. baidu. com/s? id=1714282338787528703&wfr=spider&for=pc

主轴编码如表6-8、6-9所示：

表6-8 对业务场景拓展与企业品牌塑造阶段
的M-1公司合法化过程的开放式编码部分示例

典型援引（原始数据）	概念	初始范畴
"'M-1公司'的品牌定位是电子数据保全中心。因此，需要让人们认可我是一个有公信力的企业。那么，我作为一个民营企业，如何构建公信力？只有通过形式合规，也就是流程合规，确保上链数据的安全性、客观性和真实性。"（YM1）	树立公信力、合规	企业品牌的规制合法性挑战
"'M-1公司'的品牌形象基于它的核心能力，就是提供了一个数据保全区块链技术开放平台，搭建了一个完善的第三方存证、增信、鉴真的区块链基础设施，可服务于政务、金融、保险、旅游、教育、知识产权等众多行业。"（YM4）	区块链基础设施	企业品牌的实用合法性挑战
"'M-1公司'的品牌形象——创新'区块链+'政企数字化赋能者。很容易被理解。'区块链+'是我们的核心技术能力，国家一直在大力推进区块链在各个行业的创新应用，大家都不陌生。'赋能者'也是一个常被提到的词，就是在向客户传达'我能让你更有竞争力'。结合我们的能力和业务，都是选择的业内熟悉的词语来清晰地传达我们的品牌形象。"（YM4）	易被理解、熟悉的词汇、清晰的表达	企业品牌的认知合法性挑战
"M-1公司可以对接君子签，也可以对接电子签约行业里的友商；同样可以对接微版权，也可以对接微版权的友商，仲证保也是一样。只要这些友商们愿意，都可以对接到M-1公司的底层电子存证平台。"（YM5）	友商	企业客户
"M-1公司入选工信部评出的国家2018年工业互联网试点示范项目，全国范围内区块链项目仅此一家。还有，今年（2019年）网信办（国家互联网信息办公室）发布第一批境内区块链信息服务备案编号，就有M-1公司的保全链。"（YM1）	工信部、网信办	行业监管者
"'蜀信链'是四川省区块链行业协会管的，我们（M-1公司）加入它的应用生态库，这本身就是对我们的认可。"（YM1）	行业协会	行业协会
"我们看到列出的评选（国家2018年工业互联网试点示范项目评选）领域，发现没有可以直接往上靠的东西。我们想到，电子数据为什么有价值？是因为它安全了才有价值。所以，就申报了安全领域的评选。在安全领域，360也进去了，全国一共有8家企业入选，在重庆就我们1家。我们PK的那些企业，像重庆的力帆、宗申。工信部派专家组，一个公司、一个公司地调研，在我们这边搞了四五个小时。就这段时间，我们参加了重庆这边的三四个评选项目，都被选中了。"（YM3）	项目评选、与知名大企业竞争	与知名企业竞技

续表

典型援引（原始数据）	概念	初始范畴
"'蜀信链'是四川省的基础区块链平台，有政府背书，跟它合作，整个四川的政企数字化转型项目，我们都有机会接触到。"（YM1）	项目资源、合作	市场结盟
"M-1公司，创新'区块链+'政企数字化赋能者。很直观，很好理解，就是把我们的专长——区块链和我们要做的事——给政企赋能，结合起来。赋能，有很多想象空间，降本增效，提高同业竞争力"（YM1）	专长、竞争力	框架拼接

＊图表来源：作者整理。

表6-9 对业务场景拓展与企业品牌塑造阶段的M-1公司合法化过程的主轴编码

副范畴	主范畴	构念内涵
企业品牌的规制合法性挑战 企业品牌的实用合法性挑战 企业品牌的认知合法性挑战	企业品牌合法性挑战	1. "企业品牌合法性挑战"是指企业品牌形象所传达的企业能力要符合行业规范和法律要求；企业品牌形象所传达的企业使命要立足市场需求；企业品牌形象要与公众的集体价值观和文化框架保持一致。 2. 副范畴是企业品牌合法性挑战的三个维度
企业客户	客户	1. 购买新产品的组织或个人。 2. 副范畴为客户的一种具体类型
行业监管者	政府	1. 为促进区域经济发展给企业提供政策支持，规范市场发展，制定行业标准以及资质认证等的各级政府部门或行政机构。 2. 副范畴为政府的一个行政部门
行业协会	行业协会	行业协会是介于政府、企业之间，商品生产者与经营者之间，并为其服务、咨询、沟通、监督、公正、自律、协调的社会中介组织。
与知名企业竞技	社会竞争策略	1. 是指通过参加权威组织（如政府）举办的行业评比活动，与业内知名企业同台竞技，获得权威组织的认可。 2. 副范畴为社会竞争策略的一种具体做法
市场结盟	结盟策略	1. 通过结盟，提升合法性对象的合法性水平。 2. 副范畴为结盟策略的一种具体做法

续表

副范畴	主范畴	构念内涵
框架拼接	修辞策略	1. 指在不同制度逻辑下的框架的指导下，利用现有的关键词和词汇，让受众产生文化共鸣或感受到叙事的保真性。 2. 副范畴为修辞策略的一种具体的实施方法

＊图表来源：作者整理。

　　以上通过对 M-1 公司在区块链技术商业化各阶段所面对的合法性挑战和合法性关键听众，以及其采取的合法化策略，进行开放式编码和主轴编码，共得到 20 个副范畴和 10 个主范畴。然后，对主范畴进一步整合与凝练，完成选择性编码工作，如图 6-1 所示，最终得到了探索型市场创新导向的新兴技术创业企业合法化过程的"故事线"（见图 6-2）：在市场机会探索与基础产品研发阶段，探索型市场创新导向的新兴技术创业企业主要面临的是业务合法性挑战，它需要面对种子客户和政府监管机构两类合法性关键听众，采用依从策略和修辞策略来获取业务合法性；在对业务场景挖掘与产品谱系构建阶段，其主要面临的是产品合法性挑战，需要面对客户和权威机构两类合法性关键听众，采用依从策略和修辞策略来获取产品合法性；在业务场景拓展与企业品牌塑造阶段，其主要面临的是企业品牌合法性挑战，需要面对客户、政府监管机构以及行业协会/联盟等三类合法性关键听众，采用社会竞争策略、修辞策略以及结盟策略来构建企业品牌合法性。

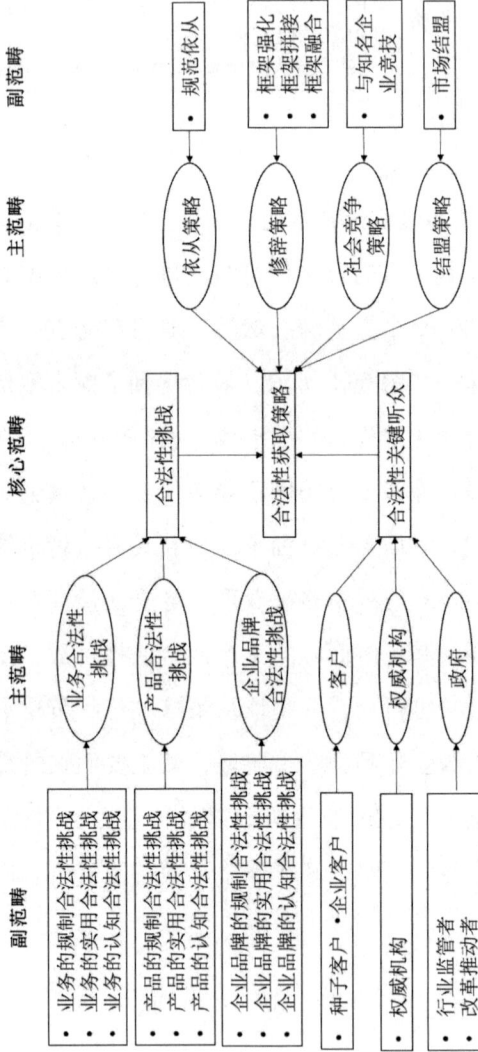

图6-1 M-1公司合法化过程的选择性编码结果

★ 图表来源：作者整理

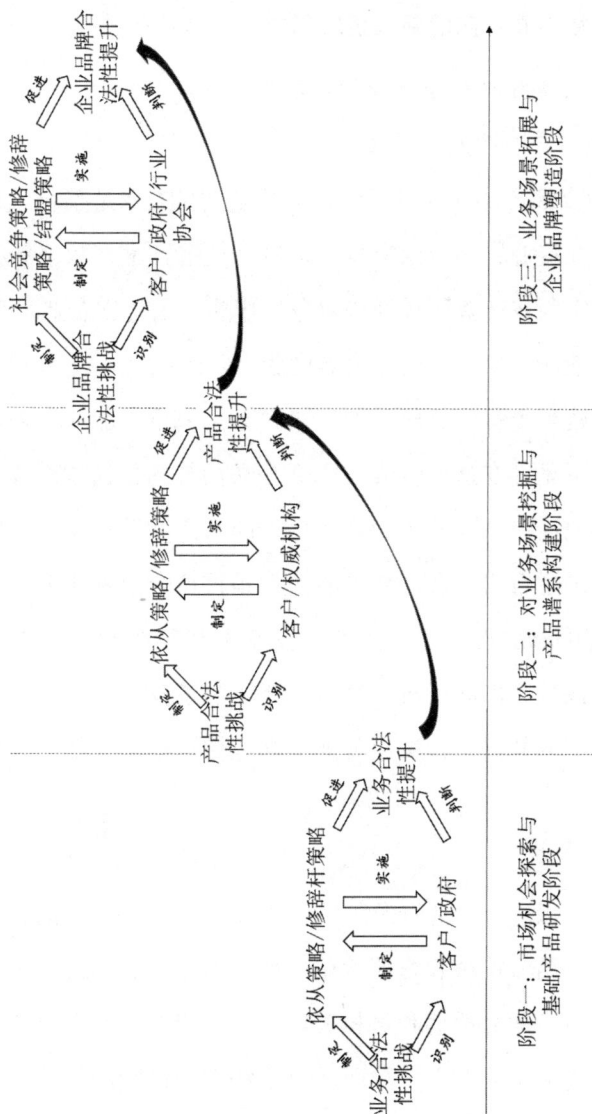

图6-2　探索型市场创新导向的新兴技术创业企业合法化过程模型

★图表来源：作者整理

二、利用型市场创新导向的新兴技术创业企业合法化过程

(一) 构建联盟身份以整合产业资源阶段

1. 合法性挑战与合法性关键听众

M-2公司作为成都音像的控股子公司，其创立目的就是整合成都音像在音像行业里的行业资源，响应国家号召推进区块链技术在数字版权领域的应用，围绕着数字版权产业闭环开展业务。作为一个初创企业，M-2公司要完成这一企业使命，仅凭一己之力难度较大。因此，M-2公司需要与利益相关者一起构建一个集体身份（即产业联盟）来整合产业资源，共同将产业做大。由此可见，在这一阶段，M-2公司面临的是构建产业联盟的合法性挑战，主要包括：联盟的规制合法性，即联盟的设立是否向相关政府部门备案，联盟的运行机制及其从事的活动是否符合国家相关法律法规的要求；联盟的实用合法性，即联盟的成立是否能够给联盟成员带来利益；联盟的认知合法性，即联盟成员是否对联盟愿景及其在联盟里拥有的权利和应尽的义务达成共识。合法性关键听众包括行业主管部门以及联盟成员。

2. 合法性获取策略

在构建联盟身份以整合产业资源阶段，M-2公司主要采取的合法性获取策略有杠杆策略、结盟策略和修辞策略。具体而言，杠杆策略是指利用企业的社会资源或技术能力撬动利益相关者的社会资源，或者通过利益相关者自身的高合法性为企业背书，从而获得合法性关键听众的认可，而结盟策略是指通过结盟提高企业合法性水平。M-2公司采取杠杆加结盟的策略构建集体身份，例如：M-2公司借助成都音像的行业影响力，以成都音像的名义发起联盟，并将联盟设立在中国版权协会下，以集体管理方式行使权利，符合我国社会团体登记管理条例，从而建立起联盟的规制合法

性。修辞策略是指利用不同制度逻辑下的框架来塑造联盟身份，促进联盟成员对联盟愿景及其在联盟里拥有的权利和应尽的义务达成共识，例如：M-2公司混合市场逻辑和专业逻辑，将"互惠互利"和"数字版权产业生态"进行框架拼接，提出"聚合数字版权产业链上下游优质资源，促进成员之间资源共享互惠互利，共建数字版权产业良好生态"的倡议，说服联盟成员对权利和义务达成共识，增加对联盟愿景的认可度。

M-2公司在构建联盟身份以整合产业资源阶段合法化过程的开放式和主轴编码如表6-10、6-11所示：

表6-10　对构建联盟身份以整合产业资源阶段的
M-2公司合法化过程的开放式编码部分示例

典型援引（原始数据）	概念	初始范畴
"（2020年）上个月刚开了第一次工作会议，选出了轮值主席、常务副主席这些，我被选为第一届秘书长，还审议通过了《中国数字版权产业联盟章程》，公布了2021年联盟工作规划。2021年我们一项重要的工作就是把这个联盟推广得更好一些，让更多的单位参与进来。"（JM1）	社会组织、选举制、联盟章程、工作规划	联盟的规制合法性挑战
"成立联盟就是为了更好地把（数字版权）产业链上下游的优质资源整合到一起。这件事是单独一个企业做不到的，只能以联盟的方式才能做起来，把大家聚到联盟里，才有可能形成资源共享的机制。只有大家的主要利益诉求都被照顾到，才能把这个联盟推行开来。"（JM1）	资源整合、资源共享、利益诉求	联盟的实用合法性挑战
"在联盟的章程里，明确了大家的权利和义务……会上就联盟未来的发展方向、发展思路这些，大家都给了很多建设性的意见，而且都很看好这件事。"（JM1）	明确权利义务、达成共识	联盟的认知合法性挑战
"我们这个联盟（中国数字版权产业联盟）是在中国版权协会下面的一个非营利性社会组织。中国版权协会是国家版权局直接指导的。"（JM4）	中国版权协会、国家版权局	行业监管者
"目前（2020年底）有45家成员单位，包括字节跳动、腾讯音乐、快手，还有些国家单位，主要是各地版权局。"（JM2）	成员单位	联盟成员
"我们以成都音像的名义发起的，对接到中国版权协会，还有其他联盟成员"（JM4）	借助母公司资源	资源杠杆

续表

典型援引（原始数据）	概念	初始范畴
"我们成立联盟，就是用做公益的心态把这个（数字版权产业）生态给建起来，先把资源聚到一起，然后大家再一起想如何赚钱。"（JM1）	整合产业资源、联盟	产业资源结盟
"就是想着通过联盟的方式，把（数字版权）产业生态建立起来，才能实现资源共享，大家互惠互利，才能把这件事长久地做下去"（JM1）	产业生态、互惠互利	框架拼接

* 图表来源：作者整理。

表6-11 对构建联盟身份以整合产业资源阶段的M-2公司合法化过程的主轴编码

副范畴	主范畴	构念内涵
联盟的规制合法性挑战 联盟的实用合法性挑战 联盟的认知合法性挑战	联盟合法性挑战	1."联盟合法性挑战"是指联盟的设立是否向相关政府部门备案，联盟的运行机制及其从事的活动是否符合国家相关法律法规的要求；联盟的成立是否能够给联盟成员带来利益；联盟成员是否对联盟愿景及其在联盟里拥有的权利和应尽的义务达成共识。 2. 副范畴是联盟合法性挑战的三个维度
联盟成员	联盟成员	联盟里的各方参与者，认同联盟章程，拥有权利并履行义务。
行业监管者	政府	1. 为促进区域经济发展给企业提供政策支持，规范市场发展，制定行业标准以及资质认证等的各级政府部门或行政机构。 2. 副范畴为政府的一个组织身份
资源杠杆	杠杆策略	1. 通过企业的社会资源或技术能力撬动利益相关者的社会资源，或者通过利益相关者自身的高合法性为企业背书，从而获得合法性关键听众的认可。 2. 副范畴为杠杆策略的一种具体实施方法
产业资源结盟	结盟策略	1. 通过结盟，提升合法性对象的合法性水平。 2. 副范畴为结盟策略的一种具体做法

续表

副范畴	主范畴	构念内涵
框架拼接	修辞策略	1. 指在不同制度逻辑下的框架的指导下，利用现有的关键词和词汇，让受众产生文化共鸣或感受到叙事的保真性。 2. 副范畴为修辞策略的一种具体的实施方法

＊图表来源：作者整理。

（二）凭借联盟身份以开拓产业链市场阶段

1. 合法性挑战与合法性关键听众

在这一阶段，M-2 公司凭借中国数字版权产业联盟的集体身份，吸纳了众多联盟成员，并将"斑马链"升级为"斑马中国数字版权产业生态平台"（以下简称"斑马中国"），以版权的"创造、运用、保护、管理和服务"为主线，为版权产业链上创意生产、内容审核、登记确权、监测维权、传播交易以及数字资产管理等环节搭建"从创意到交易"的数字版权产业平台。因此，在此阶段 M-2 公司面临的是构建"斑马中国"的平台合法性挑战，主要包括：平台的规制合法性挑战，即平台上的技术基础设施和业务流程是否符合相关行业标准；平台的实用合法性挑战，即联盟成员能否利用平台便捷、高效地开展业务；平台的认知合法性挑战，即能否让客户对平台定位有明确的认知，并与自身需求产生链接。相应地，其面对的合法性关键听众包括客户和联盟成员。

2. 合法性获取策略

在凭借联盟身份以开拓产业链市场阶段，M-2 公司主要采取的合法性获取策略有杠杆策略、结盟策略和修辞策略。具体而言，杠杆策略是指利用企业的社会资源或技术能力撬动利益相关者的社会资源，或者通过利益相关者自身的高合法性为企业背书，从而获得合法性关键听众的认可，结盟策略则是指通过结盟提高企业合法性水平。M-2 公司采取杠杆加结盟的策略为"斑马中国"平台构建合法性，例如：M-2公司借助中国数字版权产业联盟的集体身份吸纳拥有数字版权产业链上下游资源的联盟成员，为"斑马中国"平台提供国家行业标准支撑，使"斑马中国"平台的具备"一站式"版权综合服务的能力，从而建立起平台的规制合法性和实用合法性。修辞策略是指利用不同制度逻辑下的框架来塑造"斑马中国"平台的在客户认知中的形象，例如：M-2公司混合市场逻辑和专业逻辑，对"一站式服务"和"数字版权"进行框架拼接，用"从创意到交易的'一站式'数字版权综合服务平台"向客户传达"斑马中国"的平台形象，让客户建立起"有数字版权相关的业务需求就找'斑马中国'"的认知。

M-2公司在凭借联盟身份以开拓产业链市场阶段合法化过程的开放式和主轴编码如表6-12、6-13所示。

通过对M-2公司在区块链技术商业化各阶段所面对的合法性挑战和合法性关键听众及其采取的合法性获取策略，进行开放式编码和主轴编码，共得到12个副范畴和8个主范畴。然后，对主范畴进一步整合与凝练，完成选择性编码工作，如图6-3所示。利用型市场创新导向的新兴技术创业企业合法化过程存在两条纵向"故事线"（见图6-4）：一条纵向故事线是来自不同产业的联盟成员不断加入到联盟中，使得联盟的规模逐渐扩大，联盟的集体身份日益清晰，联盟的合法性也随之增强，并传递给联盟的物理载体——联盟平台；另一条纵向故事线是联盟成员将其所在产业中的资源导入到联盟平台上，使得联盟平台上聚集了围绕某一产业链上的不同产业资源，进而能够开展更多不同类型的业务，因此联盟平台的合法性水平得到了提升。

基于上述分析可知，M-2公司在构建联盟身份以整合产业资源阶段，主要面临的是联盟合法性挑战，它需要面对的合法性关键听众是联盟成员和政府主管部门，采用联盟策略、修辞策略和杠杆策略来获取联盟合法性；在凭借联盟身份以开拓产业链市场阶段，其主要面临的是平台合法性挑战，需要面对的合法性关键听众是客户和联盟成员，采用修辞策略、结盟策略和杠杆策略来获取平台合法性。

表6-12　对凭借联盟身份以开拓产业链市场阶段的
M-2公司合法化过程的开放式编码部分示例

典型援引（原始数据）	概念	初始范畴
"我们今年把'斑马链'升级为'斑马中国数字版权综合服务平台'，目的是想实现版权运营与管理的并轨发展，得到了中宣部版权管理局和中国版权协会的支持和指导，为版权方、出品方、平台方提供国家行业标准和一站式版权综合服务。"（JM1）"就拿我们平台上确权业务来说，我们采用的是'技术确权+行政确权+司法确权'的完整模型。先是在链内通过区块链技术完成唯一区块的生成，同步到各节点并存证；然后通过跨链信息交互技术将权属信息向行政管理链和司法链节点同步，完成行政管理及司法确权。"（JS2）	行政主管部门认可、行业标准、技术确权+行政确权+司法确权	平台的规制合法性挑战
"我们这个平台定位就是要涵盖'从创意到交易'整个数字版权产业闭环，包括生产创意、内容审核、登记确权、监测维权、传播交易以及数字资产管理六大环节，形成版权综合服务矩阵，实行标准化、智能化、多元化的管理。"（JS1）	产业闭环、综合服务矩阵	平台的实用合法性挑战
"我们在设计平台形象的时候就是考虑如何让联盟成员和其他社会上的相关方能够很直观地了解我们在做什么，我们的特色在哪里。"（JM3）	平台形象、直观表达	平台的认知合法性挑战
"版权方、出品方、平台方都是我们的客户。"（JM4）	企业客户	企业客户
"联盟中的节点大概分为以下几大类，第一类是政府节点，像版权局这一类的，是行政确权机构；第二类是我们现在建的山东枣庄的企业节点，这类是商业类；第三类就是服务类，像郫都区互联网法院，我们为它服务，它为我们背书。"（JM3）	成员单位	联盟成员
"如果不以联盟的名义要求上传他们的作品，然后我们来做确权，他们不会给我们的。像腾讯音乐，他们不可能把作品给我们。我们让腾讯音乐成为一个节点，不损害他们任何利益，他们只需要把可以共享的数据给到我们，我们再把全网的数据回报给他们。他们当然愿意啊！"（JM1）	借助联盟身份	资源杠杆

续表

典型援引（原始数据）	概念	初始范畴
"以联盟链的模式开放合作，整合版权方、出品方、平台方的资源，让他们都可以独立部署联盟节点，或者通过统一的技术标准 API 接入联盟链，从而实现分布式、去中心化的数字版权确权、传播、交易和维权。"（JM3）	整合产业资源、联盟节点	产业资源结盟
"从创意到交易的'一站式'数字版权综合服务平台，这就是我们的平台的品牌形象，很直观，我们专注数字版权产业，突出从创意到交易的一站式服务。就是说数字版权领域的业务，找我们就够了。"（JM3）	一站式服务、数字版权	框架拼接

＊图表来源：作者整理。

表 6-13　对凭借联盟身份以开拓产业链市场阶段的 M-2 公司合法化过程的主轴编码

副范畴	主范畴	构念内涵
平台的规制合法性挑战 平台的实用合法性挑战 平台的认知合法性挑战	平台合法性挑战	1. "平台合法性挑战"是指平台上的技术基础设施和业务流程是否符合相关行业标准；联盟成员能否利用平台便捷、高效地开展业务；能否让客户对平台定位有明确的认知，并与自身需求产生链接。 2. 副范畴是平台合法性的三个维度
联盟成员	联盟成员	联盟里的各方参与者，认同联盟章程，拥有权利并履行义务。
企业客户	客户	1. 购买新产品的组织或个人。 2. 副范畴为客户的一种具体类型
资源杠杆	杠杆策略	1. 通过企业的社会资源或技术能力撬动利益相关者的社会资源，或者通过利益相关者自身的高合法性为企业背书，从而获得合法性关键听众的认可。 2. 副范畴为杠杆策略的一种具体实施方法
产业资源结盟	结盟策略	1. 通过结盟，提升合法性对象的合法性水平。 2. 副范畴为结盟策略的一种具体做法
框架拼接	修辞策略	1. 指在不同制度逻辑下的框架的指导下，利用现有的关键词和词汇，让受众产生文化共鸣或感受到叙事的保真性。 2. 副范畴为修辞策略的一种具体的实施方法

＊图表来源：作者整理。

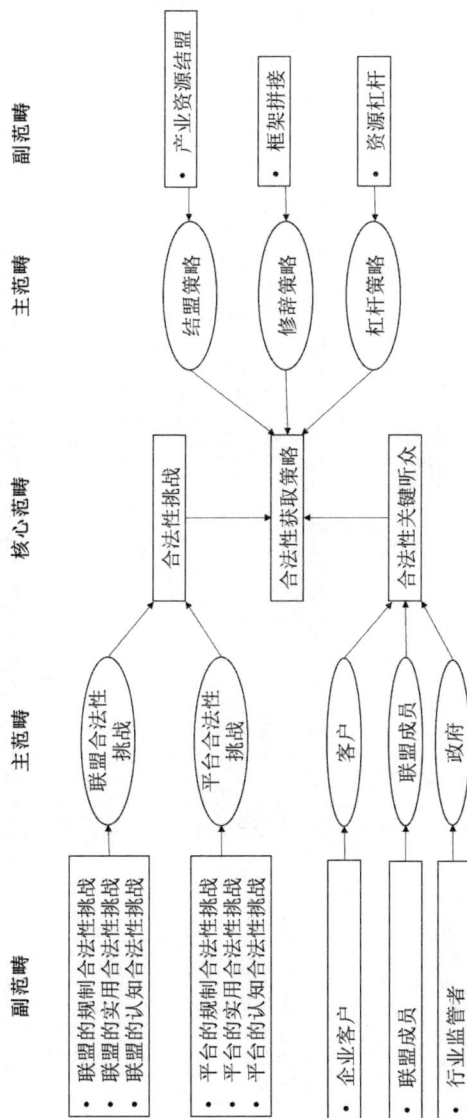

图6-3　M-2公司合法化过程的选择性编码结果

★图表来源：作者整理

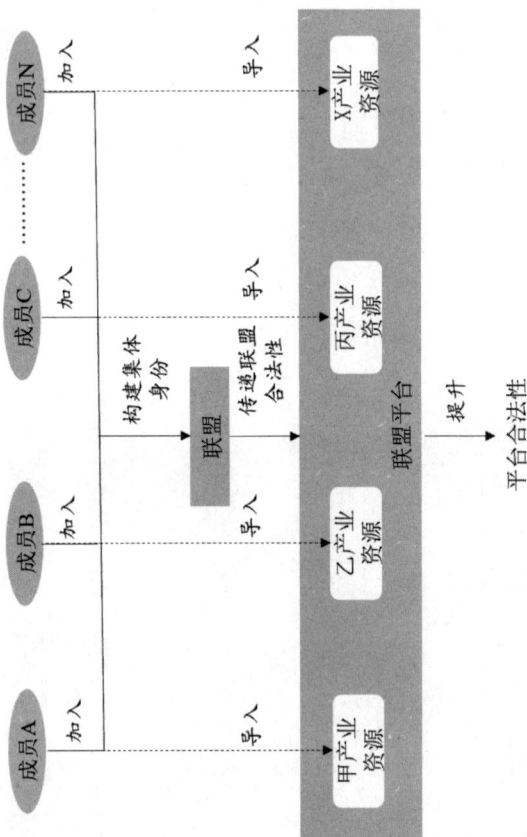

图6-4 利用型市场创新导向的新兴技术创业企业合法化过程模型

★图表来源：作者整理

表6-14 两类市场创新导向的新兴技术创业企业合法化过程对比

		探索型市场创新导向——M-1公司	利用型市场创新导向——M-2公司
阶段一：市场机会探索与基础产品研发阶段	挑战	业务合法性挑战	阶段一：构建联盟身份以整合产业资源
	听众	（种子）客户；政府（行业监管者+改革推动者）	
	策略	（规范）依从策略；（框架强化+拼接）修辞策略	
阶段二：对业务场景挖掘与产品谱系构建阶段	挑战	产品合法性挑战	阶段二：凭借联盟身份以开拓产业链市场
	听众	（企业）客户；权威机构	
	策略	（规范）依从策略；（框架融合+拼接）修辞策略	
阶段三：业务场景拓展与企业品牌塑造阶段	挑战	企业品牌合法性挑战	
	听众	（企业）客户；政府（行业监管者）；行业协会	
	策略	社会竞争策略；（市场接）结盟策略；（框架拼接）修辞策略	

利用型市场创新导向——M-2公司		
挑战	联盟合法性挑战	
听众	联盟成员；政府（行业监管者）	
策略	（资源）杠杆策略；（产业资源）结盟策略；（框架拼接）修辞策略	
挑战	平台合法性挑战	
听众	联盟成员；（企业）客户	
策略	（资源）杠杆策略；（产业资源）结盟策略；（框架拼接）修辞策略	

* 图表来源：作者整理。

三、两类市场创新导向的新兴技术创业企业合法化过程跨案例对比

市场创新导向的新兴技术创业企业作为一种典型的市场拉动型技术创业企业，在实际的新兴技术商业化过程中，企业会因自身对由"初始资源禀赋-创业机会警觉"构成的创业机会空间感知的不同，选择的业务开发方式存在较大差异，导致其所经历的新兴技术商业化过程的阶段也不同，因而面对不同的合法性挑战。基于上述对两类市场创新导向的新兴技术创业企业合法化过程的案例内分析，接下来将遵循理论复现①逻辑[222]进行跨案例对比分析（见表6-14），具体如下：

首先，探索型市场创新导向的新兴技术创业企业基于对潜在市场机会的探索，选择与之相匹配的技术，进行面向新市场或市场新类属的产品开发。因此，探索型市场创新导向的新兴技术创业企业的技术商业化之路始于对市场机会的识别，然后才是为潜在市场机会寻找与之相匹配的资源。而利用型市场创新导向的新兴技术创业企业则是从自身的资源禀赋出发，寻找能够将其资源禀赋最大化利用的市场机会，进而在正在形成的新兴市场中推出改善性新产品。因此，利用型市场创新导向的新兴技术创业企业的技术商业化之路始于对自身资源的整合，然后才是寻找能够使其资源得到最大化利用的市场机会。由此可见，两类市场创新导向的新兴技术创业企业的技术商业化路径是截然相反的。

其次，对于探索型市场创新导向的新兴技术创业企业来说，在商业化的初始阶段需要尽快把识别到的潜在市场机会转化成产品进行市场验证，并在市场验证过程中深入挖掘业务场景中的需求，不断优化产品，从而推出面向新兴市场的、定义清晰的新品类。在这个阶段，探索型市场创新导

---

① Yin（2009）指出，理论复现（theoretical replication）强调所挑选出的两个或多个案例由于可知的原因而产生不同的结果。

向的新兴技术创业企业主要面对的是来自产品合法性的挑战，可以采取规范依从策略，对能够参照的相关行业标准尽量参照执行以缓冲新品类对现有市场的颠覆；同时，还可以采取修辞策略说服有改革诉求的监管机构给予新兴技术创业企业相应的支持，并且根据行业痛点预测市场发展趋势，说服客户对产品产生购买愿望。在推出新品类后，需要对其适用的业务场景进行拓展，为新兴技术创业企业构建一个与新品类特点相匹配的企业组织身份。组织身份是组织"核心、独特和持久"的特征，是组织区别于其他组织的关键要素，同时，组织身份体现了利益相关者对组织的共同认识与期望[256]。因此，在这个阶段，探索型市场创新导向的新兴技术创业企业主要面对的是来自企业品牌合法性的挑战，可以采取修辞策略，将企业能力与产品定位进行框架拼接，吸引客户购买产品；同时，还可以采取市场结盟策略，利用合作方的合法性溢出效应提高新兴技术创业企业品牌合法性水平，此外，还可以采取社会竞赛策略，通过参加权威组织（如政府）举办的行业评选活动，与知名企业同台竞技，从而获得权威组织和公众对企业的认可，提高企业品牌合法性水平。通过上述分析提出命题5、命题6：

命题5：在将市场机会转化成新产品品类阶段，探索型市场创新导向的新兴技术创业企业采取依从策略，参照相关的现行行业标准执行，以缓冲新品类对现有市场的颠覆；采取修辞策略说服有改革诉求的监管机构给予支持，并根据行业痛点预测市场发展趋势以说服客户购买产品，从而应对产品合法性挑战。

命题6：在为新产品品类拓展新的业务场景阶段，探索型市场创新导向的新兴技术创业企业采取修辞策略，将企业能力与产品定位进行框架拼接，构建一个与新品类特点相匹配的企业组织身份；采取结盟策略，利用合作方的合法性溢出效应提高自身企业品牌合法性水平；采取社会竞赛策略，与知名企业同台竞技，从而获得权威组织和公众对企业品牌的认可，从而应对企业品牌合法性挑战。

最后，对于利用型创新导向的新兴技术创业企业来说，其创业的动机是为了能够高效利用自身现有的资源。在创业初始阶段，其首先要做的是把现有资源整合起来，这些资源的所有权不一定都掌握在新兴技术创业企业手中，但是可以被其使用。因此，利用型创新导向的新兴技术创业企业需要建立一个集体组织身份来整合资源，此时其主要面对来自集体组织身份（即联盟）合法性的挑战，可以采取杠杆策略，通过自身的社会资源去撬动嵌入在社会网络中的利益相关者的社会资源，为联盟背书，吸引更多联盟成员加入并且获得行业监管部门的认可；采取结盟策略，首先选择与有行业影响力的企业结盟，借助由此产生的带动效应吸引更多联盟成员加入；采取修辞策略，将联盟使命与成员权益进行框架拼接，从而吸引更多联盟成员加入。在联盟身份得以确立后，利用型创新导向的新兴技术创业企业以联盟的身份开拓市场，在 M-2 公司的案例中，其推出的新产品被具象为一个平台，后续开发的新产品都将作为平台上的一个业务，而该平台也是联盟的物理化载体，因此同时兼具产品和联盟的双重角色，此时，其主要面对来自平台合法性的挑战，可以采取杠杆策略，通过自身的社会资源去撬动嵌入在社会网络中的利益相关者的社会资源，为平台背书，吸引更多企业成为平台成员；采取结盟策略，与平台上的各方参与者建立紧密的合作关系，平台成员的合法性溢出效应能提升平台的合法性水平；采取修辞策略，将平台定位与联盟使命进行框架拼接，从而提升平台的合法性水平。通过上述分析提出命题 7、命题 8：

命题 7：在建立联盟（集体身份）整合资源阶段，利用型市场创新导向的新兴技术创业企业采取杠杆策略，通过自身的社会资源去撬动嵌入在社会网络中的利益相关者的社会资源，为联盟背书，吸引更多联盟成员加入并获得行业监管部门的认可；采取结盟策略，与具有行业影响力的企业结盟，借助由此产生的带动效应吸引更多联盟成员加入；采取修辞策略，将联盟使命与成员权益进行框架拼接，从而吸引更多联盟成员加入，从而应对联盟合法性挑战。

命题8：在凭借联盟身份开拓市场阶段，利用型创新导向的新兴技术创业企业将联盟物化为业务平台，采取杠杆策略，通过自身的社会资源去撬动嵌入在社会网络中的利益相关者的社会资源为平台背书；采取结盟策略，通过平台成员的合法性溢出效应提升平台的合法性水平；采取修辞策略，将平台定位与联盟使命进行框架拼接，从而应对平台合法性挑战。

第五节　市场创新导向的新兴技术创业企业合法性获取策略及策略形成机制

基于上述分析，市场创新导向的新兴技术创业企业合法性获取策略包括修辞策略、社会竞赛策略、依从策略、杠杆策略以及结盟策略。这五种策略有着各自的适用情境和形成机制。由于依从策略、杠杆策略和结盟策略的内涵和形成机制与技术创新导向的新兴技术创业企业的合法化策略一致，因此以下仅就社会竞争策略和修辞策略的内涵和形成机制进行阐述。

一、社会竞赛策略

社会竞赛策略是指新兴技术创业企业通过参加权威组织（如政府）举办的行业评比和比赛活动，与业内知名企业同台竞技并取得名次，可以迅速获得权威组织和公众的认可。因此，新兴技术创业企业既要迎合竞技评判标准，同时还要展现创新性。在 M-1 公司的案例中，M-1 公司积极参加各个行业的区块链技术应用的评比和比赛活动，将自身的区块链技术能力融入各个行业相关场景中，参赛时既要契合评审专家对技术能力的评估要素，又要从产品能力上展现市场创新，即将专家所遵循的两个主导逻辑——专业逻辑和市场逻辑混合。由此可见，社会竞争策略的形成机制是混合机制，即将评审所遵循的不同主导逻辑进行混合，符合评审遵循不同主导逻辑下的评判标准。

二、修辞策略

修辞策略指新兴技术创业企业在不同制度逻辑框架指导下，利用现有的关键词和词汇，让受众产生文化共鸣或感受到叙事的保真性，从而获得受众的文化认同。修辞策略有三种类型：框架拼接、框架融合以及框架强化。其中，框架拼接策略的形成机制是将合法性听众所遵循的主导逻辑下的不同框架混合起来，使得合法性听众受两种框架共同作用的影响，即混合机制。例如：在 M-1 公司的案例中，M-1 公司混合市场逻辑和专业逻辑，对"先发优势"和"行业痛点"进行框架拼接，说服种子客户通过行业痛点预测市场的潜在需求，从而提前采取应对措施获得先发优势，以此来提升种子客户对产品的认知合法性水平。框架融合策略的形成机制是将合法性听众所遵循的主导逻辑下的一种框架去同化另一种制度逻辑下的框架，被同化的框架其对合法性听众的影响将减弱，即同化机制。例如：在 M-1 公司案例中，M-1 公司用改革逻辑同化监管逻辑，将"创新"融入"监管"框架，说服相关行业监管部门的负责人要用新方法应对互联网领域涌现的新问题，创新监管方式，提高监管效能，从而获得行业监管部门对其所开展业务的认可与支持，提升了业务认知合法性水平。框架强化策略是将合法性听众所遵循的主导逻辑下的一种框架进行反复强调，从而增强这种框架对合法性听众的影响，即强化机制。例如：在 M-1 公司的案例中，M-1公司强调改革逻辑，利用"创新"框架说服公证处领导响应中央推进"互联网+政务服务"号召，引入互联网公证业务，通过创新政务服务方式提高公证处政务服务能力和效率，从而获得了公证处对其所开展业务的认可与支持，提升了业务认知合法性水平。

本章小结

本章通过扎根理论的分析方法，识别出了探索型市场创新导向和利用型市场创新导向的新兴技术创业企业在不同的新兴技术商业化阶段，所面对的合法性挑战类型，以及应对合法性挑战所采取的合法化策略。在此基础上，运用跨案例对比研究的方法，提出了市场创新导向的新兴技术创业企业在新兴技术商业化的不同阶段应采取的合法性获取策略的命题，提高了结论的推广性，并且从制度逻辑视角剖析了市场创新导向的新兴技术初创企业合法性获取策略的形成机制。

第七章

结论与展望

在前六章中，围绕"新兴技术创业企业如何策略性地获取合法性"这一核心问题展开，将扎根理论和案例研究两种研究方法根据研究问题的性质进行合理拼接，按照"前置因素—过程—结果"的分析框架，首先，厘清了新兴技术创业企业在新兴技术商业化过程中的每个阶段所面对的合法性挑战类型，以及合法性听众所拥有的多重组织身份；然后，在此基础上，通过案例内和跨案例对比分析，揭示了不同类型的新兴技术创业企业如何对影响合法性听众的制度逻辑进行有效编排，从而制定应对每一阶段合法性挑战的策略，最终实现合法性水平提升及合法性门槛的跨越。以此为基础，本章归纳本研究的相关结论，提出理论贡献和管理启示，并就本研究存在的研究局限进行讨论，最后展望未来的研究方向。

第一节　研究结论

为了更加深入地剖析新兴技术创业企业合法性过程，进而识别出新兴技术创业企业为应对合法性挑战而采取的合法性获取策略以及策略形成机制，本研究将核心问题分解成三个相互关联的研究模块，分别是：模块

——新兴技术创业企业合法性听众的组织身份及其嵌入的制度逻辑研究，模块二——技术创新导向的新兴技术创业企业合法性获取策略与形成机制研究，以及模块三——市场创新导向的新兴技术创业企业合法性获取策略与形成机制研究。其中，第一个研究模块从新兴技术创业企业合法性听众的社会行动入手，一方面沿着"社会行动→组织身份"的研究逻辑，识别出每一类合法性听众的多重组织身份；另一方面沿着"社会行动→制度逻辑"的研究逻辑，厘清影响社会行动的制度逻辑，从而将合法性听众的组织身份与其嵌入的制度逻辑适配起来，为研究新兴技术创业企业如何利用合法性听众所秉持的不同制度逻辑制定相应的合法性获取策略奠定理论基础。第二个研究模块以底层技术创新导向和应用方案创新导向的新兴技术创业企业为研究对象，揭示两种类型的技术创新导向的新兴技术创业企业在各自的新兴技术商业化过程中，所面临的合法性挑战以及市场创新导向的新兴技术创业企业如何利用合法性听众所秉持的不同制度逻辑制定相应的合法性获取策略，揭示两种类型的技术创新导向的新兴技术创业企业合法化过程模型，并识别了每种合法性获取策略的形成机制。第三个研究模块以探索型市场创新导向和利用型市场创新导向的新兴技术创业企业为研究对象，揭示两种类型的市场创新导向的新兴技术创业企业在各自的新兴技术商业化过程中，所面临的合法性挑战以及市场创新导向的新兴技术创业企业如何利用合法性听众所秉持的不同制度逻辑制定相应的合法性获取策略，揭示两种类型的市场创新导向新兴技术创业企业合法化过程模型，并识别了每种合法性获取策略的形成机制。对三个子研究问题的结论归纳如下：

（1）研究模块一识别了合法性听众的多重组织身份及其嵌入的制度逻辑，归纳出六类不同的合法性听众，并厘清每一类合法性听众的组织身份与其所嵌入的制度逻辑间的对应关系，提出了合法性听众多重组织身份与其所遵循的制度逻辑相适配的整合框架。在此基础上，按照复现原则，运用多案例研究方法，对不同类型的新兴技术创业企业所面对的主要合法性听众进行识别后发现，技术创新导向的新技术创业企业主要面对的合法性听众有专家、投资人、客户和互补性资源提供者以及政府；而市场创新导向的新兴技术创业企业主要面对的合法性听众包括客户、政府以及行业协会/联盟。专家、投资人和客户都遵循专业和市场的双重逻辑；互补性资源提供者主要遵循专业逻辑，同时也会受企业逻辑以及市场逻辑的影响；行业协会/联盟则受社区逻辑和专业逻辑的影响；政府主要遵循国家逻辑，同时也会受专业逻辑的影响。此外，不同的合法性听众之间还会产生相互作用，其中，受专业和市场双重制度逻辑影响的专家的评判结果会影响投资人的投资决策和政府的扶持决策；而主要遵循市场逻辑，同时也会受专业逻辑影响的投资人的投资决策也会受政府政策导向的影响。在此基础上提出了合法性获取策略的制度逻辑编排模型。

（2）研究模块二分别对底层技术创新导向和应用方案创新导向的新兴技术创业企业在新兴技术商业化的不同阶段所面对的合法性挑战进行识别，其中：底层技术创新导向的新兴技术创业企业在商业可行性孵化阶段、示范性产品研发阶段以及大规模市场验证阶段所面对的合法性挑战分别为技术合法性挑战、产品合法性挑战与市场合法性挑战；而应用创新导向新兴技术创业企业在项目场景化阶段、场景产品化阶段以及产品平台化阶段，其主要面临的是技术合法性挑战、产品合法性挑战与平台合法性挑战。在此基础上进行跨案例对比分析，提出了：

命题1：在为技术寻找市场机会阶段，技术创新导向的新兴技术创业企业采取感知策略为新兴技术塑造技术身份；采取杠杆策略撬动嵌入在社会网络中的社会资源为新兴技术的性能优势和商业化潜力背书，以及两种策略的组合来应对技术合法性挑战。

命题2：在将技术能力转化成产品能力阶段，底层技术创新导向的新兴技术创业企业采取依从策略，达到甚至超出领先用户对产品性能的预期；采取杠杆加结盟的组合策略，借助领先用户的企业声誉或社会资源，获得与互补性资源提供者合作的机会或者战略投资人的投资，进而获得研发和生产所需的互补性资源，从而应对产品合法性挑战。

命题3：在将技术能力转化成产品能力阶段，应用方案创新导向的新兴技术创业企业采取杠杆加感知的组合策略，借助灯塔客户的企业声誉和标杆效应为产品背书，获得一般客户对产品品质的认可；同时，采取感知策略，通过产品性能向客户传达明确的产品定位，从而应对产品合法性挑战。

命题4：在对产品进行大规模市场验证阶段，技术创新导向的新兴技术创业企业采取感知策略让客户对新兴市场需求的普遍性和必要性形成共识，从而产生购买产品的意愿；采取结盟策略，与互补性技术提供者合作以完善产品功能更好地满足新兴市场需求、与市场资源提供者合作以获得更多的市场渠道对新兴市场中的产品进行市场验证、与同行企业以及互补性技术提供者联合发起行业标准以推动新兴市场的发展，来应对市场合法性挑战。

（3）研究模块三分别对探索型市场创新导向和利用型市场创新导向的新兴技术创业企业合法性获取过程的识别，提炼出探索型市场创新导向的新兴技术创业企业在市场机会探索与基础产品研发阶段、对业务场景挖掘与产品谱系构建阶段以及业务场景拓展以及企业品牌塑造阶段，所面对的合法性挑战分别为业务合法性挑战、产品合法性挑战与企业品牌合法性挑战；而利用型市场创新导向的新兴技术创业企业在构建联盟身份以整合产业资源阶段和凭借联盟身份以开拓产业链市场阶段，所面对的合法性挑战分别为联盟合法性挑战和平台合法性挑战。在此基础上进行跨案例对比分

析,提出了:

命题5:在将市场机会转化成新产品品类阶段,探索型市场创新导向的新兴技术创业企业采取依从策略,参照相关的现行行业标准执行,以缓冲新品类对现有市场的颠覆;采取修辞策略说服有改革诉求的监管机构给予支持,并根据行业痛点预测市场发展趋势以说服客户购买产品,从而应对产品合法性挑战。

命题6:在为新产品品类拓展新的业务场景阶段,探索型市场创新导向的新兴技术创业企业采取修辞策略,将企业能力与产品定位进行框架拼接,构建一个与新品类特点相匹配的企业组织身份;采取结盟策略,利用合作方的合法性溢出效应提高自身企业品牌合法性水平;采取社会竞赛策略,与知名企业同台竞技,从而获得权威组织和公众对企业品牌的认可,从而应对企业品牌合法性挑战。

命题7:在建立联盟(集体身份)整合资源阶段,利用型市场创新导向的新兴技术创业企业采取杠杆策略,通过自身的社会资源去撬动嵌入在社会网络中的利益相关者的社会资源,为联盟背书,吸引更多联盟成员加入并获得行业监管部门的认可;采取结盟策略,与具有行业影响力的企业结盟,借助由此产生的带动效应吸引更多联盟成员加入;采取修辞策略,将联盟使命与成员权益进行框架拼接,从而吸引更多联盟成员加入,从而应对联盟合法性挑战。

命题8:在凭借联盟身份开拓市场阶段,利用型创新导向的新兴技术创业企业将联盟物化为业务平台,采取杠杆策略,通过自身的社会资源去撬动嵌入在社会网络中的利益相关者的社会资源为平台背书;采取结盟策略,通过平台成员的合法性溢出效应提升平台的合法性水平;采取修辞策略,将平台定位与联盟使命进行框架拼接,从而应对平台合法性挑战。

通过对研究模块二与研究模块三的分析,提出了新兴技术创业企业获取合法性的六大策略——感知策略、杠杆策略、结盟策略、依从策略、社会竞赛策略以及修辞策略。如表7-1所示。感知策略包括改变感知和建立感知，改变感知策略的形成机制是替代机制，而建立感知策略的形成机制是扩展机制；杠杆策略的形成机制是同化机制，包括同质性强化和异质性同化两种；结盟策略包括同质性结盟和异质性结盟，同质性结盟策略的形成机制是同化机制中同质性强化，而异质性结盟策略的形成机制是混合机制；依从策略的形成机制是同步机制；社会竞赛策略的形成机制是同化机制，包括同质性强化和异质性同化；修辞策略包括框架拼接、框架融合以及框架强化，框架拼接策略的形成机制是混合机制，框架融合策略的形成机制是同化机制，而框架强化策略的形成机制是强化机制。

表7-1 新兴技术创业企业合法性获取策略及其形成机制

合法性获取策略		策略形成机制	
感知策略	改变感知策略	替换机制	
	建立感知策略	扩展机制	
杠杆策略		同化机制	异质性同化
			同质性强化
结盟策略	同质性结盟策略	混合机制	同质性混合
	异质性结盟策略		异质性混合
依从策略		同步机制	
修辞策略	框架拼接策略	混合机制	同质性混合
			异质性混合
	框架融合策略	同化机制	异质性同化
			同质性强化
	框架强化策略	强化机制	
社会竞赛策略		混合机制	

第二节 理论贡献

本研究聚焦新兴技术创业企业的"双重新进入缺陷"情境，探究新兴技术创业企业合法性获取策略及其形成机制，不仅为新兴技术创业企业合法化策略编排提供指导，对推动创业企业合法性研究也具有一定的理论贡献，具体而言：

首先，本研究将新兴技术创业企业的合法性获取策略及形成机制问题置于新兴技术创业企业的"双重新进入缺陷"情境中，以新兴技术商业化为"故事线"，将新兴技术创业企业所面对的合法性挑战进行分阶段拆解，构建了新兴技术创业企业合法化过程模型，并且揭示了不同合法性挑战及合法性关键听众在新兴技术商业化不同阶段的演进特征，从而为现有的技术创业合法性的相关研究增加了情境特征。

其次，现有的研究较多关注以合法性类型作为制定合法性策略的依据，忽略了合法性的外部性特征，而本研究使用制度逻辑视角的核心假定"嵌入能动性"，解释了新兴技术创业企业为何以及如何能够从合法性听众的多重组织身份中抽取不同的制度逻辑进行策略性编排，以此获得合法性听众的认可与支持，从而凸显了合法性的外部性特征，并且回应了学术界对于合法性研究应该超越这种单一合法性听众的简单假设，探索不同类型的合法性听众在新企业合法性判断上的差异，以及如何做出合法性判断和资源分配决策的呼吁。

最后，现有研究中的新企业合法性获取策略呈现两极分化的现象，一种是高度概括性的具有指导意义的策略，另一种是深度情境化的具象策略。前者虽然普适性强，但是缺少必要的适用情境分析和配套的实施步骤；而后者又太过碎片化，缺少必要的归类与提炼。本研究基于相关文献梳理和实践观察，对新兴技术创业企业进行类型学上的划分，在此基础上针对不同类型的新兴技术创业企业所选择的新兴技术商业化路径，提出了合法性获取策略及其形成机制，并给出了合法性获取策略的适用情境和配套实施步骤，既具有一定的情境化特征，又能确保在一定的范围内具有推广性，从一定程度上缓解以往研究中的新企业合法性获取策略呈现两极分化的困境。

第三节　管理启示

新兴技术创业企业通过策略性地获取合法性，从而获得新兴技术商业化的机会和所需互补性资源。本研究结论对新兴技术创业企业合法性获取有以下三点启示：

第一，合法性作为一种可以获取资源的资源，是新兴技术创业企业克服"双重新进入缺陷"的重要手段之一。由于新兴技术创业企业对"初始资源禀赋—创业机会警觉"构成的创业机会空间感知的不同，会选择不同的新兴技术商业化路径。例如：技术创新导向的新兴技术创业企业会立足于自身的技术优势，为新兴技术寻找适合的应用场景，这类企业首先要为新兴技术获取合法性，让利益相关者对新兴技术的技术性能和商业化潜力认可，才能获得技术商业化机会和相应的互补性资源；而市场创新导向的新兴技术创业企业，会以潜在市场需求为切入点，寻找与之匹配的技术解决方案，对于这类企业而言，最重要的是要让利益相关者认可这一涌现出的新的市场类别或新市场。它们可以根据自身的初始资源禀赋，选择构建个体身份或者集体身份，推动新的市场类别或新市场的合法性构建。因此，新兴技术创业企业在获取合法性时，首先需要判断自身的企业类型以及所处的新兴技术商业化阶段，从而确定现阶段对其最重要的合法性类型，合理部署获取合法性所投入的成本，并且尽可能地将获取合法性所投入的成本转化为企业能力，为下一阶段获取其他类型的合法性提供合法性来源。

第二，新兴技术创业企业在受到制度结构性约束的同时，也拥有着能动性，可以在不同的制度结构中提取不同的制度逻辑，并对制度逻辑进行合理编排，从而制定出行之有效的合法性获取策略。尤其是在经济转型的当下，我国正积极建设新型举国体制，将"有效的市场"和"有为的政府"两者有机结合，因而在新兴技术商业化过程中，政府扮演着行业监管者、改革推动者和产业促进者的三重身份，其决策注意力焦点会受到国家逻辑、市场逻辑以及专业逻辑共同作用的影响，并且政府对某一产业的扶持代表着这一产业发展的重大利好，从而提振民间资本的信心。因此，新兴技术创业企业需要准确识别出合法性关键听众及其嵌入的制度逻辑，才能有针对性地利用合法性关键听众所遵循的不同制度逻辑甚至是逻辑间的冲突，制定相应的合法性获取策略。

第三，新兴技术创业企业的合法性获取策略具有一定的情境适用性，要根据组织的资源和能力条件及其在生态系统中所处的位置，考虑策略的实施难度和操控空间，从而选择和使用合法化策略或策略组合。例如：在将技术能力转化成产品能力阶段，底层技术创新导向的新兴技术创业企业采取依从策略，达到甚至超出领先用户对产品性能的预期，从而获得领先用户的认可；随即可以采用杠杆加结盟的组合策略，借助领先用户的企业声誉或社会资源，获得与互补性资源提供者合作的机会或者战略投资人的投资，进而获得研发和生产所需的互补性资源。此外，合法性获取策略的制定具有一定的灵活性，对合法性关键听众所遵循的制度逻辑进行合理编排以制定出合乎时宜的合法性获取策略。例如：新兴技术创业企业在面对政府监管部门时，可以用改革逻辑同化监管逻辑，说服相关行业监管部门的负责人要用新方法应对新问题，创新监管方式，提高监管效能，从而获得行业监管部门对其所开展业务的认可与支持。

第四节　研究局限与未来展望

本研究探讨了新兴技术创业企业合法性获取策略及其形成机制，得出了一些有益的结论，但仍存在一定的局限，具体包括：

第一，本研究的三个研究模块都采取了多案例研究方法，虽然多案例相对于单案例在结论逻辑性和普适性方面更有优势，但仍然属于探索性研究范畴，研究结论能在多大范围内实现普适性，仍需要系列后续研究进行验证，未来可以采取多种研究方法，例如用模糊集定性比较分析（fsQCA）的方法来研究新兴技术创业企业合法性获取策略的组合问题。

第二，本研究未对新兴技术创业企业的合法性之间的动态作用关系做进一步的探讨。通过实践发现，新兴技术创业企业的不同合法性之间存在一定的嵌套关系，并且合法性具有资源的属性，因此已获取到的合法性可以转化为企业的能力，以帮助企业获取其他类型的合法性。在未来的研究中可以对不同合法性之间的动态作用关系展开研究，打开多层次间合法性互动的黑箱，以帮助企业更好地利用合法性来促进企业发展。

第三，本研究发现我国政府在推动新兴技术产业发展和扶持新兴技术企业上扮演着多种组织身份，未来可以从企业、产业、政府三个主体行动者的相互作用入手，探讨新兴技术创业企业合法性变迁。

参考文献

［1］Stinchcombe A L. Social Structure and Organizations ［J］. In J. G. March（ed.）Handbook of Organizations, 1965: 142-193.

［2］Aldrich H E, Fiol C M. Fools rush in? The institutional context of industry creation ［J］. Academy of Management Review, 1994, 19（4）: 645-670.

［3］Tornikoski E T, Newbert S L. Exploring the determinants of organizational emergence: A legitimacy perspective ［J］. Journal of Business Venturing, 2007, 22（2）: 311-335.

［4］Zimmerman M A, Zeitz G J. Beyond survival: Achieving new venture growth by building legitimacy ［J］. Academy of Management Review, 2002, 27（3）: 414-431.

［5］Berbacher F. Legitimation of New Ventures: A Review and Research Programme ［J］. Journal of Management Studies, 2014, 51（4）: 667-698.

［6］杜运周，任兵，陈忠卫等. 先动性、合法化与中小企业成长——一个中介模型及其启示 ［C］. 第三届（2008）中国管理学年会——组织与战略分会场论文集, 2008: 14.

［7］Zhang W, White S, Wang L, et al. How Does a New Venture Build a New Product's Legitimacy? Evidence from Digital Innovations in an Established

Industry [J]. International Journal of Technology Management, 2021, 87 (2-4): 284-314.

[8] Hanlon D, Saunders C. Marshaling Resources to Form Small New Ventures: Toward a More Holistic Understanding of Entrepreneurial Support [J]. Entrepreneurship Theory and Practice, 2007, 31 (4): 619-641.

[9] Fisher G, Kuratko D F, Bloodgood J M, et al. Legitimate to whom? The challenge of audience diversity and new venture legitimacy [J]. Journal of Business Venturing, 2017, 32 (1): 52-71.

[10] Kuratko D F, Fisher G, Bloodgood J M, et al. The paradox of new venture legitimation within an entrepreneurial ecosystem [J]. Small Business Economics, 2017, 49 (1): 119-140.

[11] 蔡莉, 张玉利, 蔡义茹, 等. 创新驱动创业: 新时期创新创业研究的核心学术构念 [J]. 南开管理评论, 2021, 24 (04): 217-226.

[12] 银路, 王敏等. 新兴技术管理导论 (第一版) [M]. 北京: 科学出版社, 2010.

[13] Day G S, Schoemaker P J. Avoiding the pitfalls of emerging technologies [J]. California Management Review, 2000, 42 (2): 8-33.

[14] Rotolo D, Hicks D, Martin B R. What is an emerging technology? [J]. Research Policy, 2015, 44 (10): 1827-1843.

[15] 梅亮, 臧树伟, 张娜娜. 新兴技术治理: 责任式创新视角的系统性评述 [J]. 科学学研究, 2021, 39 (12): 2113-2120+2128.

[16] Stilgoe J, Owen R, Macnaghten P. Developing a framework for responsible innovation [J]. Research Policy, 2013, 42 (9): 1568-1580.

[17] Day G, Schoemaker P. Avoiding the Pitfalls of Emerging Technologies [J]. California Management Review, 2000, 42 (2): 8-33.

［18］赵洪江，陈学华，苏晓波．新兴技术、新技术、高技术及高新技术概念辨析［J］．企业技术开发，2005，（11）：42-43+64.

［19］Srinivasan R. Sources, Characteristics and Effects of Emerging Technologies：Research Opportunities in Innovation［J］．Industrial Marketing Management，2008，37（6）：633-640.

［20］Stahl B：What Does the Future Hold? A Critical View of Emerging Information and Communication Technologies and Their Social Consequences，2011：59-76.

［21］李蓓，陈向东．海峡两岸核心及新兴技术比较—基于专利引文网络的分析［J］．科研管理，2015，36（02）：96-106.

［22］周萌，朱相丽．新兴技术概念辨析及其识别方法研究进展［J］．情报理论与实践，2019，42（10）：162-169.

［23］李仕明，肖磊，萧延高．新兴技术管理研究综述［J］．管理科学学报，2007，（06）：76-85.

［24］Genus A, Stirling A. Collingridge and the dilemma of control：Towards responsible and accountable innovation［J］．Research Policy，2018，47（1）：61-69.

［25］高建，魏平．新兴技术的特性与企业的技术选择［J］．科研管理，2007，（01）：47-52.

［26］刘海运，赵海深．企业突破性技术创新的技术轨道与市场轨道分析［J］．中南林业科技大学学报（社会科学版），2011，5（01）：75-77.

［27］Schumpeter J, Backhaus U：The Theory of Economic Development, Backhaus J, editor, Joseph Alois Schumpeter：Entrepreneurship, Style and Vision, Boston, MA：Springer US, 2003：61-116.

［28］鲁若愚，张红琪．基于快变市场的新兴技术产品更新策略［J］.

管理学报, 2005 (03): 317-320.

[29] 杨雪, 张徽燕. 新兴技术给企业带来的管理挑战 [J]. 现代管理科学, 2005, (06): 72-73.

[30] Beckman C, Eisenhardt K, Kotha S, et al. Technology entrepreneurship [J]. Strategic Entrepreneurship Journal, 2012, 6 (2): 89-93.

[31] Timmons J A. New Venture Creation: Entrepreneurship for the 21st Century [M], New York: McGraw-Hill/Irwin, 2004.

[32] Cooper A C. Technical entrepreneurship: what do we know? [J]. R&D Management, 1973, 3 (2): 59-64.

[33] Roberts E B. High stakes for high-tech entrepreneurs: Understanding venture capital decision making [J]. MIT Sloan Management Review, 1991, 32 (2): 9.

[34] Garud R, Karnøe P. Bricolage versus breakthrough: distributed and embedded agency in technology entrepreneurship [J]. Research Policy, 2003, 32 (2): 277-300.

[35] 张钢, 彭学兵. 创业政策对技术创业影响的实证研究 [J]. 科研管理, 2008, (03): 60-67+88.

[36] Bailetti T. Technology entrepreneurship: overview, definition, and distinctive aspects [J]. Technology Innovation Management Review, 2012, 2 (2).

[37] Ratinho T, Harms R, Walsh S. Structuring the Technology Entrepreneurship publication landscape: Making sense out of chaos [J]. Technological Forecasting and Social Change, 2015, 100: 168-175.

[38] 惠祥, 李秉祥, 李明敏, 等. 技术创业型企业经理层股权分配模式探讨与融资结构优化 [J]. 南开管理评论, 2016, 19 (06): 177-188.

［39］李胜文，杨学儒，檀宏斌．技术创新、技术创业和产业升级——基于技术创新和技术创业交互效应的视角［J］．经济问题探索，2016，（01）：111-117．

［40］王敏，刘运青，银路．国外技术创业研究文献回顾与展望［J］．电子科技大学学报（社科版），2018，20（01）：56-65．

［41］谢雅萍，宋超俐，郑陈国，等．风险投资对技术创业绩效的影响——考虑战略导向的中介作用［J］．技术经济，2018，37（05）：93-102．

［42］Wang, R. , & Chebo, A. K. The Dynamics of Business Model Innovation for Technology Entrepreneurship：A Systematic Review and Future Avenue. SAGE Open, 2021, 11（3）, 21582440211029917.

［43］Kilintzis P, Avlogiaris G, Samara E, et al. Technology Entrepreneurship：a Model for the European Case［J］. Journal of the Knowledge Economy, 2022：1-26.

［44］Hossinger S M, Chen X, Werner A. Drivers, barriers and success factors of academic spin-offs：a systematic literature review［J］. Management Review Quarterly, 2020, 70（1）：97-134.

［45］刘运青．技术创业企业成长的机制与路径研究［D］．电子科技大学，2021．

［46］Cooper A C. The role of incubator organizations in the founding of growth-oriented firms［J］. Journal of Business Venturing, 1985, 1（1）：75-86.

［47］Hausberg J P, Korreck S. Business incubators and accelerators：a co-citation analysis-based, systematic literature review［J］. The Journal of Technology Transfer, 2018, 45（1）：151-176.

［48］Bruneel J, Ratinho T, Clarysse B, et al. The Evolution of Business

Incubators: Comparing demand and supply of business incubation services across different incubator generations [J]. Technovation, 2012, 32 (2): 110–121.

[49] Hackett S M, Dilts D M. A systematic review of business incubation research [J]. The Journal of Technology Transfer, 2004, 29 (1): 55–82.

[50] Spigel B. The Relational Organization of Entrepreneurial Ecosystems [J]. Entrepreneurship Theory and Practice, 2015, 41 (1): 1–25.

[51] Barbero J L, Casillas J C, Wright M, et al. Do different types of incubators produce different types of innovations? [J]. The Journal of Technology Transfer, 2014, 39 (2): 151–168.

[52] Kohler T. Corporate accelerators: Building bridges between corporations and startups [J]. Business Horizons, 2016, 59 (3): 347–357.

[53] Aerts K, Matthyssens P, Vandenbempt K. Critical role and screening practices of European business incubators [J]. Technovation, 2007, 27 (5): 254–267.

[54] Becker B, Gassmann O. Corporate Incubators: Industrial R&D and What Universities can Learn from them [J]. The Journal of Technology Transfer, 2006, 31 (4): 469–483.

[55] Grimaldi R, Grandi A. Business incubators and new venture creation: an assessment of incubating models [J]. Technovation, 2005, 25 (2): 111–121.

[56] Wolcott R, Lippitz M. The Four Models of Corporate Entrepreneurship [J]. MIT Sloan Management Review, 2007, 49 (1): 75–82.

[57] Weiblen T, Chesbrough H W. Engaging with Startups to Enhance Corporate Innovation [J]. California Management Review, 2015, 57 (2): 66–90.

[58] Phan P, Siegel D S. The Effectiveness of University Technology Transfer: Lessons Learned, Managerial and Policy Implications, and the Road Forward [J]. SSRN Electronic Journal, 2006.

[59] Lockett A, Siegel D, Wright M, et al. The creation of spin-off firms at public research institutions: Managerial and policy implications [J]. Research Policy, 2005, 34 (7): 981-993.

[60] Siegel D, Wright M, Veugelers R. University commercialization of intellectual property: Policy implications [J]. Oxford Review of Economic Policy, 2007, 23 (4): 640-660.

[61] Grimaldi R, Kenney M, Siegel D S, et al. 30 years after Bayh-Dole: Reassessing academic entrepreneurship [J]. Research Policy, 2011, 40 (8): 1045-1057.

[62] Rothaermel F, Agung S, Jiang L. University Entrepreneurship: A Taxonomy of the Literature [J]. Industrial and Corporate Change, 2007, 16 (1): 691-791.

[63] Battilana J, Leca B, Boxenbaum E. How Actors Change Institutions: Towards a Theory of Institutional Entrepreneurship [J]. The Academy of Management Annals, 2009, 3 (1): 65-107.

[64] Siegel D S, Waldman D A, Atwater L E, et al. Commercial knowledge transfers from universities to firms: improving the effectiveness of university-industry collaboration [J]. The Journal of High Technology Management Research, 2003, 14 (1): 111-133.

[65] Siegel D S, Wright M. Academic Entrepreneurship: Time for a Rethink? [J]. British Journal of Management, 2015, 26 (4): 582-595.

[66] Schot J, Steinmueller W E. Three frames for innovation policy:

R&D, systems of innovation and transformative change ［J］. Research Policy, 2018, 47 (9): 1554-1567.

［67］ Weber K M, Rohracher H. Legitimizing research, technology and innovation policies for transformative change ［J］. Research Policy, 2012, 41 (6): 1037-1047.

［68］ Audretsch D B, Link A N, Scott J T: Public/private technology partnerships: evaluating SBIR-supported research, The Social Value of New Technology: Edward Elgar Publishing, 2019.

［69］ Stuart T E, Hoang H, Hybels R C. Interorganizational Endorsements and the Performance of Entrepreneurial Ventures ［J］. Administrative Science Quarterly, 1999, 44 (2): 315-349.

［70］ Hite J M, Hesterly W S. The evolution of firm networks: from emergence to early growth of the firm ［J］. Strategic Management Journal, 2001, 22 (3): 275-286.

［71］ Hoang H, Antoncic B. Network-based research in entrepreneurship: A critical review ［J］. Journal of Business Venturing, 2003, 18 (2): 165-187.

［72］ Yli-Renko H. 3 Exchange relationships in techno-entrepreneurship ［J］. Handbook of Research on Techno-entrepreneurship, 2007: 39.

［73］ Baum J, Calabrese T, Silverman B. Don't Go It Alone: Alliance Network Composition and Startups' Performance in Canadian Biotechnology ［J］. Strategic Management Journal, 2000, 21 (1): 267-294.

［74］ Ahuja G. The Duality of Collaboration: Inducements and Opportunities in the Formation of Interfirm Linkages ［J］. Strategic Management Journal - STRATEG MANAGE J, 2000, 21 (1): 317-343.

［75］ Pfeffer J, Salancik G. A resource dependence perspective ［M］, 1978.

[76] Baker T, Nelson R E. Creating something from nothing: Resource construction through entrepreneurial bricolage [J]. Administrative Science Quarterly, 2005, 50 (3): 329-366.

[77] Youndt M A, Subramaniam M, Snell S A. Intellectual Capital Profiles: An Examination of Investments and Returns * [J]. Journal of Management Studies, 2004, 41 (2): 335-361.

[78] Sirmon D G, Hitt M A, Ireland R D. Managing Firm Resources in Dynamic Environments to Create Value: Looking Inside the Black Box [J]. Academy of Management Review, 2007, 32 (1): 273-292.

[79] 李晓华, 李纪珍, 高旭东. 角色认同与创业机会开发: 以技术创业为例 [J]. 南开管理评论, 2021: 1-25.

[80] Wood M S, Mckinley W. The production of entrepreneurial opportunity: a constructivist perspective [J]. Strategic Entrepreneurship Journal, 2010, 4 (1): 66-84.

[81] Baron R A. Opportunity Recognition as Pattern Recognition: How Entrepreneurs "Connect the Dots" to Identify New Business Opportunities [J]. Academy of Management Perspectives, 2006, 20 (1): 104-119.

[82] Nicolaou N, Shane S, Cherkas L, et al. Opportunity recognition and the tendency to be an entrepreneur: A bivariate genetics perspective [J]. Organizational Behavior and Human Decision Processes, 2009, 110 (2): 108-117.

[83] Kirzner I M. Entrepreneurial Discovery and the Competitive Market Process: An Austrian Approach [J]. Journal of Economic Literature, 1997, 35 (1): 60-85.

[84] Endres A, Woods C. The case for more "subjectivist" research on

how entrepreneurs create opportunities [J]. International Journal of Entrepreneurial Behaviour & Research, 2007, 13 (1): 222-234.

[85] Fiet J O, Piskounov A, Patel P C. Still Searching (Systematically) 1 for Entrepreneurial Discoveries [J]. Small Business Economics, 2005, 25 (5): 489-504.

[86] Baron R A, Ensley M D. Opportunity Recognition as the Detection of Meaningful Patterns: Evidence from Comparisons of Novice and Experienced Entrepreneurs [J]. Management Science, 2006, 52 (9): 1331-1344.

[87] Shane S, Venkataraman S. The promise of entrepreneurship as a field of research [J]. Academy of Management Review, 2000, 25 (1): 217-226.

[88] Gaglio C M, Katz J A. The Psychological Basis of Opportunity Identification: Entrepreneurial Alertness [J]. Small Business Economics, 2001, 16 (2): 95-111.

[89] Arenius P, Clercq D D. A Network-based Approach on Opportunity Recognition [J]. Small Business Economics, 2005, 24 (3): 249-265.

[90] Klingebiel R, Joseph J. Entry timing and innovation strategy in feature phones [J]. Strategic Management Journal, 2016, 37 (6): 1002 -1020.

[91] 田莉, 张玉利. 市场进入战略创新性与新技术企业初期绩效——对成长性绩效与规模绩效影响差异性的分析 [J]. 科学学与科学技术管理, 2011, 32 (05): 123-130.

[92] 尹苗苗, 王晶, 彭建娟, 等. 新企业市场进入的前因、过程及后果: 一个整合框架 [J]. 外国经济与管理, 2019, 41 (01): 45-56.

[93] Markman G, Waldron T. Small Entrants and Large Incumbents: A Framework of Micro Entry [J]. Academy of Management Perspectives, The,

2013, 28（1）: 1-40.

［94］Katila R, Chen E L, Piezunka H. All the right moves: How entre-preneurial firms compete effectively［J］. Strategic Entrepreneurship Journal, 2012, 6（2）: 116-132.

［95］赵岑, 张帏, 姜彦福. 基于与大企业联盟的技术创业企业成长机制［J］. 科研管理, 2012, 33（02）: 97-106.

［96］Colombo M G, Grilli L. Founders' human capital and the growth of new technology-based firms: A competence-based view［J］. Research Policy, 2005, 34（6）: 795-816.

［97］Colombo M G, Grilli L. On growth drivers of high-tech start-ups: Exploring the role of founders' human capital and venture capital［J］. Journal of Business Venturing, 2010, 25（6）: 610-626.

［98］Autio E, Lumme A. Does the innovator role affect the perceived po-tential for growth? analysis of four types of new, technology-based firms［J］. Technology Analysis & Strategic Management, 1998, 10（1）: 41-55.

［99］Aspelund A, Berg-Utby T, Skjevdal R. Initial resources' influence on new venture survival: a longitudinal study of new technology-based firms ［J］. Technovation, 2005, 25（11）: 1337-1347.

［100］Brinckmann J, Hoegl M. Effects of initial teamwork capability and initial relational capability on the development of new technology-based firms ［J］. Strategic Entrepreneurship Journal, 2011, 5（1）: 37-57.

［101］Leonard-Barton D. Core capabilities and core rigidities: A paradox in managing new product development［J］. Strategic Management Journal, 1992, 13（S1）: 111-125.

［102］Löfsten H. Organisational capabilities and the long-term survival of new technology-based firms [J]. European Business Review, 2016, 28 (3): 312-332.

[103] Frese T, Geiger I, Dost F. An empirical investigation of determinants of effectual and causal decision logics in online and high-tech start-up firms [J]. Small Business Economics, 2019, 54 (3): 641-664.

[104] Balboni B, Bortoluzzi G, Pugliese R, et al. Business model evolution, contextual ambidexterity and the growth performance of high-tech start-ups [J]. Journal of Business Research, 2019, 99: 115-124.

[105] 李梦雅, 胡晓, 杨德林, 等. 孵化内层网络、平台资源与技术创业企业成长 [J]. 技术经济, 2021, 40 (06): 69-79.

[106] Kelley D J, Nakosteen R A. Technology resources, alliances, and sustained growth in new, technology-based firms [J]. IEEE Transactions on Engineering Management, 2005, 52 (3): 292-300.

[107] Maine E M, Shapiro D M, Vining A R. The role of clustering in the growth of new technology-based firms [J]. Small Business Economics, 2010, 34 (2): 127-146.

[108] Rindova V P, Yeow A, Martins L L, et al. Partnering portfolios, value-creation logics, and growth trajectories: A comparison of Yahoo and Google (1995 to 2007) [J]. Strategic Entrepreneurship Journal, 2012, 6 (2): 133-151.

[109] Luo X, Huang F, Tang X, et al. Government subsidies and firm performance: Evidence from high-tech start-ups in China [J]. Emerging Markets Review, 2021, 49: 100756.

[110] Weber M. Science as a Vocation [J]. Daedalus, 1958, 87 (1): 111-134.

[111] Dimaggio P J, Powell W W. The iron cage revisited: Institutional isomorphism and collective rationality in organizational fields [J]. American Sociological Review, 1983: 147-160.

[112] Suchman M C. Managing legitimacy: Strategic and institutional approaches [J]. Academy of Management Review, 1995, 20 (3): 571-610.

[113] Dowling J, Pfeffer J. Organizational legitimacy: Social values and organizational behavior [J]. Pacific Sociological Review, 1975, 18 (1): 122-136.

[114] Blau P M, Scott W R. Formal organizations: A comparative approach [M]. Stanford University Press, 2003.

[115] Scott W R. Institutions and organizations [M]. 2. Sage Thousand Oaks, CA, 1995.

[116] Shane S. Technological opportunities and new firm creation [J]. Management Science, 2001, 47 (2): 205-220.

[117] 陈扬. 制度创新扩散过程中的组织退耦策略选择机制研究 [D]. 复旦大学, 2012.

[118] Thornton P H, Ocasio W, Lounsbury M. The institutional logics perspective: A new approach to culture, structure and process [M]. OUP Oxford, 2012.

[119] Scott W R. Approaching adulthood: the maturing of institutional theory [J]. Theory and society, 2008, 37 (5): 427-442.

[120] Novak T P, Hoffman D L. New metrics for new media: Toward the development of web measurement standards [J]. World Wide Web, 1997, 2 (1): 213-246.

[121] Ruef M, Scott W R. A multidimensional model of organizational le-

gitimacy: Hospital survival in changing institutional environments [J]. Administrative Science Quarterly, 1998: 877-904.

[122] Suddaby R, Bitektine A, Haack P. Legitimacy [J]. Academy of Management Annals, 2017, 11 (1): 451-478.

[123] Gardberg N A, Fombrun C J. Corporate citizenship: Creating intangible assets across institutional environments [J]. Academy of Management Review, 2006, 31 (2): 329-346.

[124] George E, Chattopadhyay P, Sitkin S B, et al. Cognitive underpinnings of institutional persistence and change: A framing perspective [J]. Academy of Management Review, 2006, 31 (2): 347-365.

[125] D'aunno T, Sutton R I, Price R H. Isomorphism and external support in conflicting institutional environments: A study of drug abuse treatment units [J]. Academy of Management Journal, 1991, 34 (3): 636-661.

[126] Pfarrer M D, Decelles K A, Smith K G, et al. After the fall: Reintegrating the corrupt organization [J]. Academy of Management Review, 2008, 33 (3): 730-749.

[127] Certo S T. Influencing initial public offering investors with prestige: Signaling with board structures [J]. Academy of Management Review, 2003, 28 (3): 432-446.

[128] Dobrev S D, Ozdemir S Z, Teo A C. The ecological interdependence of emergent and established organizational populations: Legitimacy transfer, violation by comparison, and unstable identities [J]. Organization Science, 2006, 17 (5): 577-597.

[129] Zelner B A, Henisz W J, Holburn G L. Contentious implementation and retrenchment in neoliberal policy reform: The global electric power industry,

1989-2001 [J]. Administrative Science Quarterly, 2009, 54 (3): 379-412.

[130] Fisher G, Kotha S, Lahiri A. Changing with the Times: An Integrated View of Identity, Legitimacy, and New Venture Life Cycles [J]. Academy of Management Review, 2016, 41 (3): 383-409.

[131] Dornbusch S M, Scott W R, Busching B C. Evaluation and the Exercise of Authority [M]. Jossey-Bass San Francisco, 1975.

[132] Tost L P. An integrative model of legitimacy judgments [J]. Academy of Management Review, 2011, 36 (4): 686-710.

[133] Bitektine A, Haack P. The "macro" and the "micro" of legitimacy: Toward a multilevel theory of the legitimacy process [J]. Academy of Management Review, 2015, 40 (1): 49-75.

[134] Bergek A, Jacobsson S, Carlsson B, et al. Analyzing the functional dynamics of technological innovation systems: A scheme of analysis [J]. Research Policy, 2008, 37 (3): 407-429.

[135] Hekkert M P, Suurs R A, Negro S O, et al. Functions of innovation systems: A new approach for analysing technological change [J]. Technological Forecasting and Social Change, 2007, 74 (4): 413-432.

[136] Bergek A, Jacobsson S, Sandén B A. 'Legitimation' and 'development of positive externalities': two key processes in the formation phase of technological innovation systems [J]. Technology Analysis & Strategic Management, 2008, 20 (5): 575-592.

[137] Harris-Lovett S R, Binz C, Sedlak D L, et al. Beyond user acceptance: A legitimacy framework for potable water reuse in California [J]. Environmental Science & Technology, 2015, 49 (13): 7552-7561.

[138] Johnson C, Dowd T J, Ridgeway C L. Legitimacy as a social

process [J]. Annual Review of Sociology, 2006, 32: 53-78.

[139] Rao H. Institutional activism in the early American automobile industry [J]. Journal of Business Venturing, 2004, 19 (3): 359-384.

[140] Markard J, Wirth S, Truffer B. Institutional dynamics and technology legitimacy-A framework and a case study on biogas technology [J]. Research Policy, 2016, 45 (1): 330-344.

[141] Santos F M, Eisenhardt K M. Constructing markets and shaping boundaries: Entrepreneurial power in nascent fields [J]. Academy of Management Journal, 2009, 52 (4): 643-671.

[142] Tushman M L, Anderson P. Technological discontinuities and organizational environments [J]. Administrative Science Quarterly, 1986: 439-465.

[143] Hargadon A B, Douglas Y. When innovations meet institutions: Edison and the design of the electric light [J]. Administrative Science Quarterly, 2001, 46 (3): 476-501.

[144] Santos F M, Eisenhardt K M. Organizational boundaries and theories of organization [J]. Organization Science, 2005, 16 (5): 491-508.

[145] Rosa J A, Porac J F, Runser-Spanjol J, et al. Sociocognitive dynamics in a product market [J]. Journal of Marketing, 1999, 63 (4_suppl1): 64-77.

[146] Lounsbury M, Glynn M A. Cultural entrepreneurship: Stories, legitimacy, and the acquisition of resources [J]. Strategic Management Journal, 2001, 22 (6-7): 545-564.

[147] Rindova V P, Fombrun C J. Entrepreneurial action in the creation of the specialty coffee niche [J]. The Entrepreneurship Dynamic, 2001:

236-261.

[148] Fligstein N. Social skill and institutional theory [J]. American Behavioral Scientist, 1997, 40 (4): 397-405.

[149] Kennedy P. A guide to econometrics [M]. John Wiley & Sons, 2008.

[150] Kennedy M T, Lounsbury M. Category currency: The changing value of conformity as a function of ongoing meaning construction, Categories in markets: Origins and evolution [M]. Emerald Group Publishing Limited, 2010.

[151] Navis C, Glynn M A. How new market categories emerge: Temporal dynamics of legitimacy, identity, and entrepreneurship in satellite radio, 1990 – 2005 [J]. Administrative Science Quarterly, 2010, 55 (3): 439-471.

[152] Lee B H, Hiatt S R, Lounsbury M. Market Mediators and the Trade-offs of Legitimacy-Seeking Behaviors in a Nascent Category [J]. Organization Science, 2017, 28 (3): 447-470.

[153] Fisher G. The complexities of new venture legitimacy [J]. Organization Theory, 2020, 1 (2): 2631787720913881.

[154] Meyer J W, Rowan B. Institutionalized organizations: Formal structure as myth and ceremony [J]. American Journal of Sociology, 1977, 83 (2): 340-363.

[155] Weber K, Dacin M T. The cultural construction of organizational life: Introduction to the special issue [J]. Organization Science, 2011, 22 (2): 287-298.

[156] Baum J A, Singh J V. Organizational niches and the dynamics of organizational mortality [J]. American Journal of Sociology, 1994, 100 (2): 346-380.

[157] Nagy B G, Pollack J M, Rutherford M W, et al. The influence of entrepreneurs' credentials and impression management behaviors on perceptions of new venture legitimacy [J]. Entrepreneurship Theory and Practice, 2012, 36 (5): 941-965.

[158] Zott C, Huy Q N. How entrepreneurs use symbolic management to acquire resources [J]. Administrative Science Quarterly, 2007, 52 (1): 70-105.

[159] Weber K, Heinze K L, Desoucey M. Forage for thought: Mobilizing codes in the movement for grass - fed meat and dairy products [J]. Administrative science quarterly, 2008, 53 (3): 529-567.

[160] Davis G F, Morrill C, Rao H, et al. Introduction: Social movements in organizations and markets [J]. Administrative Science Quarterly, 2008, 53 (3): 389-394.

[161] Oliver C. Strategic responses to institutional processes [J]. Academy of Management Review, 1991, 16 (1): 145-179.

[162] 张玉利, 杜国臣. 创业的合法性悖论 [J]. 中国软科学, 2007 (10): 47-58.

[163] 李雪灵, 马文杰, 刘钊, 等. 合法性视角下的创业导向与企业成长: 基于中国新企业的实证检验 [J]. 中国工业经济, 2011 (08): 99-108.

[164] 杜运周, 刘运莲. 创业网络与新企业绩效: 组织合法性的中介作用及其启示 [J]. 财贸研究, 2012, 23 (05): 121-130.

[165] 李雷, 朱钱晨. 网络环境下新创平台企业制度创业与合法性获取——小米公司案例研究 [J]. 研究与发展管理, 2019, 31 (05): 25-36.

[166] 张强, 孙宁, 张璐, 等. 机会窗口驱动下的互联网创业企业合法

化机制研究［J］. 科研管理, 2020, 41（08）: 171-180.

［167］Friedland R, Alford R. Bringing Society Back In: Symbols, Practices, and Institutional Contradictions［J］, 1991.

［168］Thornton P H, Ocasio W. Institutional logics and the historical contingency of power in organizations: Executive succession in the higher education publishing industry, 1958 - 1990［J］. American Journal of Sociology, 1999, 105（3）: 801-843.

［169］Jackall R. Moral mazes: The world of corporate managers［J］. International Journal of Politics, Culture, and Society, 1988, 1（4）: 598-614.

［170］Li S X. Royston Greenwood, Christine Oliver, Roy Suddaby, and Kerstin Sahlin-Andersson: The Sage Handbook of Organizational Institutionalism［M］. SAGE Publications Sage CA: Los Angeles, CA, 2009.

［171］Haveman H A, Gualtieri G. Institutional logics［M］. Oxford research encyclopedia of business and management, 2017.

［172］Thornton P H, Ocasio W. Institutional logics［J］. The Sage handbook of organizational institutionalism, 2008, 840（2008）: 99-128.

［173］Zilber T B. The work of meanings in institutional processes［J］. The SAGE Handbook of Organizational Institutionalism, 2008, 18: 151-168.

［174］Boltanski L, Thévenot L. On justification: Economies of worth［M］. 27. Princeton University Press, 2006.

［175］Stark E. Coercive control: The entrapment of women in personal life［M］. Oxford University Press, 2009.

［176］Glynn M A, Lounsbury M. From the critics' corner: Logic blending, discursive change and authenticity in a cultural production system［J］. Journal of Management Studies, 2005, 42（5）: 1031-1055.

[177] Hoffman A J. Institutional evolution and change: Environmentalism and the US chemical industry [J]. Academy of Management Journal, 1999, 42 (4): 351-371.

[178] Sine W D, David R J. Environmental jolts, institutional change, and the creation of entrepreneurial opportunity in the US electric power industry [J]. Research Policy, 2003, 32 (2): 185-207.

[179] Rao H, Giorgi S. Code breaking: How entrepreneurs exploit cultural logics to generate institutional change [J]. Research in Organizational Behavior, 2006, 27: 269-304.

[180] Greenwood R, Suddaby R. Institutional entrepreneurship in mature fields: The big five accounting firms [J]. Academy of Management Journal, 2006, 49 (1): 27-48.

[181] Rao H, Monin P, Durand R. Institutional change in Toque Ville: Nouvelle cuisine as an identity movement in French gastronomy [J]. American Journal of Sociology, 2003, 108 (4): 795-843.

[182] Purdy J M, Gray B. Conflicting logics, mechanisms of diffusion, and multilevel dynamics in emerging institutional fields [J]. Academy of Management Journal, 2009, 52 (2): 355-380.

[183] Murray F. The oncomouse that roared: Hybrid exchange strategies as a source of distinction at the boundary of overlapping institutions [J]. American Journal of Sociology, 2010, 116 (2): 341-388.

[184] Shipilov A V, Greve H R, Rowley T J. When do interlocks matter? Institutional logics and the diffusion of multiple corporate governance practices [J]. Academy of Management Journal, 2010, 53 (4): 846-864.

[185] Nigam A, Ocasio W. Event attention, environmental sensemaking,

and change in institutional logics: An inductive analysis of the effects of public attention to Clinton's health care reform initiative [J]. Organization Science, 2010, 21 (4): 823-841.

[186] Reay T, Hinings C R. Managing the rivalry of competing institutional logics [J]. Organization Studies, 2009, 30 (6): 629-652.

[187] Navis C, Glynn M A. Legitimate distinctiveness and the entrepreneurial identity: Influence on investor judgments of new venture plausibility [J]. Academy of Management Review, 2011, 36 (3): 479-499.

[188] Desa G. Resource mobilization in international social entrepreneurship: Bricolage as a mechanism of institutional transformation [J]. Entrepreneurship Theory and Practice, 2012, 36 (4): 727-751.

[189] Garud R, Schildt H A, Lant T K. Entrepreneurial storytelling, future expectations, and the paradox of legitimacy [J]. Organization Science, 2014, 25 (5): 1479-1492.

[190] Johnson V. What is organizational imprinting? Cultural entrepreneurship in the founding of the Paris Opera [J]. American Journal of Sociology, 2007, 113 (1): 97-127.

[191] Katre A, Salipante P. Start-up social ventures: Blending fine-grained behaviors from two institutions for entrepreneurial success [J]. Entrepreneurship Theory and Practice, 2012, 36 (5): 967-994.

[192] Martens M L, Jennings J E, Jennings P D. Do the stories they tell get them the money they need? The role of entrepreneurial narratives in resource acquisition [J]. Academy of Management Journal, 2007, 50 (5): 1107-1132.

[193] Pollack J M, Rutherford M W, Nagy B G. Preparedness and cogni-

tive legitimacy as antecedents of new venture funding in televised business pitches [J]. Entrepreneurship Theory and Practice, 2012, 36 (5): 915-939.

[194] Ruebottom T. The microstructures of rhetorical strategy in social entrepreneurship: Building legitimacy through heroes and villains [J]. Journal of Business Venturing, 2013, 28 (1): 98-116.

[195] Fischer E, Rebecca Reuber A. Online entrepreneurial communication: Mitigating uncertainty and increasing differentiation via Twitter [J]. Journal of Business Venturing, 2014, 29 (4): 565-583.

[196] King B G, Clemens E S, Fry M. Identity realization and organizational forms: Differentiation and consolidation of identities among Arizona's charter schools [J]. Organization Science, 2011, 22 (3): 554-572.

[197] Wry T, Lounsbury M, Glynn M A. Legitimating nascent collective identities: Coordinating cultural entrepreneurship [J]. Organization Science, 2011, 22 (2): 449-463.

[198] Benson D F, Brau J C, Cicon J, et al. Strategically camouflaged corporate governance in IPOs: Entrepreneurial masking and impression management [J]. Journal of Business Venturing, 2015, 30 (6): 839-864.

[199] Clarke J. Revitalizing entrepreneurship: how visual symbols are used in entrepreneurial performances [J]. Journal of Management Studies, 2011, 48 (6): 1365-1391.

[200] Rutherford M W, Buller P F, Stebbins J M. Ethical considerations of the legitimacy lie [J]. Entrepreneurship Theory and Practice, 2009, 33 (4): 949-964.

[201] Cornelissen J P, Clarke J S. Imagining and rationalizing opportunities: Inductive reasoning and the creation and justification of new ventures [J].

Academy of Management Review, 2010, 35 (4): 539-557.

[202] Etzion D, Ferraro F. The role of analogy in the institutionalization of sustainability reporting [J]. Organization Science, 2010, 21 (5): 1092 -1107.

[203] Pollock T G, Rindova V P. Media legitimation effects in the market for initial public offerings [J]. Academy of Management journal, 2003, 46 (5): 631-642.

[204] Van Werven R, Bouwmeester O, Cornelissen J P. The power of arguments: How entrepreneurs convince stakeholders of the legitimate distinctiveness of their ventures [J]. Journal of Business Venturing, 2015, 30 (4): 616-631.

[205] Drori I, Honig B, Sheaffer Z. The life cycle of an internet firm: Scripts, legitimacy, and identity [J]. Entrepreneurship Theory and Practice, 2009, 33 (3): 715-738.

[206] Hiatt S R, Sine W D, Tolbert P S. From Pabst to Pepsi: The deinstitutionalization of social practices and the creation of entrepreneurial opportunities [J]. Administrative Science Quarterly, 2009, 54 (4): 635-667.

[207] Gurses K, Ozcan P. Entrepreneurship in regulated markets: Framing contests and collective action to introduce pay TV in the US [J]. Academy of Management Journal, 2015, 58 (6): 1709-1739.

[208] Parhankangas A, Ehrlich M. How entrepreneurs seduce business angels: An impression management approach [J]. Journal of Business Venturing, 2014, 29 (4): 543-564.

[209] Starr J A, Macmillan I C. Resource cooptation via social contracting: Resource acquisition strategies for new ventures [J]. Strategic Management Journal, 1990: 79-92.

[210] Swidler A. Culture in action: Symbols and strategies [J]. American Sociological Review, 1986: 273-286.

[211] Fauchart E, Gruber M. Darwinians, communitarians, and missionaries: The role of founder identity in entrepreneurship [J]. Academy of Management Journal, 2011, 54 (5): 935-957.

[212] Sauermann H, Stephan P. Conflicting logics? A multidimensional view of industrial and academic science [J]. Organization Science, 2013, 24 (3): 889-909.

[213] Shane S. Reflections on the 2010 AMR decade award: Delivering on the promise of entrepreneurship as a field of research [J]. Academy of management review, 2012, 37 (1): 10-20.

[214] Webb J W, Tihanyi L, Ireland R D, et al. You say illegal, I say legitimate: Entrepreneurship in the informal economy [J]. Academy of Management Review, 2009, 34 (3): 492-510.

[215] Ashforth B E, Gibbs B W. The double-edge of organizational legitimation [J]. Organization Science, 1990, 1 (2): 177-194.

[216] Bitektine A. Toward a theory of social judgments of organizations: The case of legitimacy, reputation, and status [J]. Academy of Management Review, 2011, 36 (1): 151-179.

[217] Golant B D, Sillince J A. The constitution of organizational legitimacy: A narrative perspective [J]. Organization Studies, 2007, 28 (8): 1149-1167.

[218] Pahnke E C, Katila R, Eisenhardt K M. Who takes you to the dance? How partners' institutional logics influence innovation in young firms [J]. Administrative Science Quarterly, 2015, 60 (4): 596-633.

［219］ Hernes G. Real Virtuality ［J］. Social mechanisms: An analytical approach to social theory, 1998, 74: 101.

［220］ 许晖, 范雅楠, 王琳. 中国跨国企业海外子公司市场适应性演化研究 ［J］. 管理学报, 2017, 14 (12): 10.

［221］ Davis G F, Marquis C. Prospects for organization theory in the early twenty-first century: Institutional fields and mechanisms ［J］. Organization Science, 2005, 16 (4): 332-343.

［222］ Yin R K. Case study research: Design and methods ［M］. Canadian Journal of Program Evaluation, 2015, 30 (1): 108-110.

［223］ Yin R K. Applications of case study research ［M］. Sage, 2011.

［224］ 井润田, 孙璇. 实证主义 VS. 诠释主义: 两种经典案例研究范式的比较与启示 ［J］. 管理世界, 2021, 37 (03): 198-216+13.

［225］ 李志军, 尚增健. 亟需纠正学术研究和论文写作中的 "数学化" "模型化" 等不良倾向 ［J］. 管理世界, 2020, 36 (04): 5-6.

［226］ 毛基业, 李亮. 管理学质性研究的回顾、反思与展望 ［J］. 南开管理评论, 2018, 21 (06): 12-16.

［227］ Tsui A S. Editor's introduction-Autonomy of inquiry: Shaping the future of emerging scientific communities ［J］. Management and Organization Review, 2009, 5 (1): 1-14.

［228］ Glaser B. Strauss. The discovery of grounded theory ［J］. Alsine de Gruyter, New york, 1967.

［229］ 贾旭东, 衡量. 扎根理论的 "丛林"、过往与进路 ［J］. 科研管理, 2020, 41 (05): 151-163.

［230］ Pratt M G. From the editors: For the lack of a boilerplate: Tips on writing up (and reviewing) qualitative research ［J］. Academy of Management

Journal, 2009, 52（5）: 856-862

[231] Pratt M G, Kaplan S, Whittington R. Editorial essay: The tumult over transparency: Decoupling transparency from replication in establishing trustworthy qualitative research [J]. Administrative Science Quarterly, 2020, 65 (1): 1-19.

[232] 周小豪, 朱晓林. 做可信任的质性研究——中国企业管理案例与质性研究论坛（2020）综述 [J]. 管理世界, 2021, 37（03）: 217-225+14.

[233] 李亮, 刘洋, 冯永春. 管理案例研究: 方法与应用 [M]. 1. 北京市: 北京大学出版社, 2020.

[234] 邵奇峰, 金澈清, 张召等. 区块链技术: 架构及进展 [J]. 计算机学报, 2018, 41（05）: 969-988.

[235] Eisenhardt K M. Building theories from case study research [J]. Academy of Management Review, 1989, 14（4）: 532-550.

[236] Yin R K. Qualitative research from start to finish [M]. Guilford publications, 2015.

[237] Eisenhardt K M, Graebner M E. Theory building from cases: Opportunities and challenges [J]. Academy of Management Journal, 2007, 50 (1): 25-32.

[238] Strauss A L. Qualitative analysis for social scientists [M]. Cambridge university press, 1987.

[239] Ulaga W, Reinartz W J. Hybrid offerings: how manufacturing firms combine goods and services successfully [J]. Journal of Marketing, 2011, 75 (6): 5-23.

[240] Gioia D A, Corley K G, Hamilton A L. Seeking qualitative rigor in inductive research: Notes on the Gioia methodology [J]. Organizational Research

Methods, 2013, 16 (1): 15-31.

[241] Popper M, Mayseless O. Back to basics: Applying a parenting perspective to transformational leadership [J]. The Leadership Quarterly, 2003, 14 (1): 41-65.

[242] Locke K. Grounded theory in management research [M]. Sage, 2001.

[243] 李炳炎, 向刚. 完善社会主义市场经济体制背景下政府职能的定位与转变 [J]. 南京理工大学学报: 社会科学版, 2008, 21 (4): 8.

[244] Drucker, F P. Entrepreneurial strategies [J]. California Management Review (pre-1986), 1985, 27 (000002): 9.

[245] Mueller B A, Titus Jr V K, Covin J G, et al. Market pioneering and firm growth: knowing when and to what degree pioneering makes sense; proceedings of the Academy of Management Proceedings, F, 2009 [C]. Academy of Management Briarcliff Manor, NY 10510.

[246] Eckhardt J T, Shane S A. Industry changes in technology and complementary assets and the creation of high-growth firms [J]. Journal of Business Venturing, 2011, 26 (4): 412-430.

[247] Benner M J, Tushman M L. Exploitation, exploration, and process management: The productivity dilemma revisited [J]. Academy of management review, 2003, 28 (2): 238-256.

[248] Zhou K Z, Yim C K, Tse D K. The effects of strategic orientations on technology-and market-based breakthrough innovations [J]. Journal of marketing, 2005, 69 (2): 42-60.

[249] Wind J, Mahajan V. Issues and opportunities in new product development: An introduction to the special issue [M]. SAGE Publications Sage CA:

Los Angeles, CA. 1997: 1–12.

[250] Adner R. When are technologies disruptive? A demand-based view of the emergence of competition [J]. Strategic management journal, 2002, 23 (8): 667–688.

[251] Baker T, Nelson R E. Creating something from nothing: Resource construction through entrepreneurial bricolage [J]. Administrative science quarterly, 2005, 50 (3): 329–366.

[252] Moore Goeffrey A. Crossing the chasm. Marketing and selling hightech products to mainstream customers [M]. New York, Harper Business Essentials. 2002.

[253] Zhao E Y, Fisher G, Lounsbury M, et al. Optimal distinctiveness: Broadening the interface between institutional theory and strategic management [J]. Strategic management journal, 2017, 38 (1): 93–113.

[254] Jacobides M G, Cennamo C, Gawer A. Towards a theory of ecosystems [J]. Strategic management journal, 2018, 39 (8): 2255–2276.

[255] 李雪灵, 黄翔, 申佳等. 制度创业文献回顾与展望: 基于"六何"分析框架 [J]. 外国经济与管理, 2015, 37 (4): 3–14.

[256] 陈昀, 陈鑫. 基于认知视角的社会创业企业合法化机制及获取策略 [J]. 管理学报, 2018, 15 (9): 1304–1310.